Tucholsky Wagner Zola Scott Sydow Freud Schlegel
Turgenev Fonatne Wallace
Twain Walther von der Vogelweide Fouqué Friedrich II. von Preußen
Weber Freiligrath Frey
Kant Ernst
Fechner Fichte Weiße Rose von Fallersleben Richthofen Frommel
Hölderlin
Engels Fielding Eichendorff Tacitus Dumas
Fehrs Faber Flaubert
Eliasberg Ebner Eschenbach
Feuerbach Maximilian I. von Habsburg Fock Zweig
Ewald Eliot Vergil
Goethe Elisabeth von Österreich London
Mendelssohn Balzac Shakespeare Dostojewski Ganghofer
Lichtenberg Rathenau Doyle Gjellerup
Trackl Stevenson Hambruch
Mommsen Tolstoi Lenz Hanrieder Droste-Hülshoff
Thoma von Arnim Hägele Hauff Humboldt
Dach Verne Hagen Hauptmann Gautier
Karrillon Reuter Rousseau Baudelaire
Garschin Defoe Hebbel
Damaschke Descartes Hegel Kussmaul Herder
Wolfram von Eschenbach Dickens Schopenhauer Rilke George
Bronner Darwin Melville Grimm Jerome Bebel Proust
Campe Horváth Aristoteles Voltaire Federer Herodot
Bismarck Vigny Barlach Heine
Gengenbach Grillparzer Georgy
Storm Casanova Tersteegen Gilm Gryphius
Chamberlain Lessing Langbein
Brentano Lafontaine
Strachwitz Claudius Schiller Kralik Iffland Sokrates
Bellamy Schilling
Katharina II. von Rußland Gerstäcker Raabe Gibbon Tschechow
Löns Hesse Hoffmann Gogol Wilde Gleim Vulpius
Luther Heym Hofmannsthal Klee Hölty Morgenstern Goedicke
Roth Heyse Klopstock Kleist
Luxemburg Puschkin Homer Mörike Musil
La Roche Horaz
Machiavelli Kierkegaard Kraft Kraus
Navarra Aurel Musset Hugo Moltke
Nestroy Marie de France Lamprecht Kind Kirchhoff
Laotse Ipsen Liebknecht
Nietzsche Nansen Ringelnatz
Marx Lassalle Gorki Klett Leibniz
von Ossietzky May
vom Stein Lawrence Irving
Petalozzi Knigge
Platon Pückler Michelangelo Kafka
Sachs Poe Kock
Liebermann
de Sade Praetorius Mistral Zetkin Korolenko

Der Verlag tredition aus Hamburg veröffentlicht in der Reihe **TREDITION CLASSICS** Werke aus mehr als zwei Jahrtausenden. Diese waren zu einem Großteil vergriffen oder nur noch antiquarisch erhältlich.

Symbolfigur für **TREDITION CLASSICS** ist Johannes Gutenberg (1400 — 1468), der Erfinder des Buchdrucks mit Metalllettern und der Druckerpresse.

Mit der Buchreihe **TREDITION CLASSICS** verfolgt tredition das Ziel, tausende Klassiker der Weltliteratur verschiedener Sprachen wieder als gedruckte Bücher aufzulegen – und das weltweit!

Die Buchreihe dient zur Bewahrung der Literatur und Förderung der Kultur. Sie trägt so dazu bei, dass viele tausend Werke nicht in Vergessenheit geraten.

Englische Fragmente

Heinrich Heine

Impressum

Autor: Heinrich Heine
Umschlagkonzept: toepferschumann, Berlin

Verlag: tredition GmbH, Hamburg
ISBN: 978-3-8424-9041-3
Printed in Germany

Ziel der TREDITION CLASSICS ist es, tausende deutsch- und
fremdsprachige Klassiker wieder in Buchform verfügbar zu
machen. Die Werke wurden eingescannt und digitalisiert. Dadurch
können etwaige Fehler nicht komplett ausgeschlossen werden.
Unsere Kooperationspartner und wir von tredition versuchen, die
Werke bestmöglich zu bearbeiten. Sollten Sie trotzdem einen Fehler
finden, bitten wir diesen zu entschuldigen. Die Rechtschreibung der
Originalausgabe wurde unverändert übernommen. Daher können
sich hinsichtlich der Schreibweise Widersprüche zu der heutigen
Rechtschreibung ergeben.

Heinrich Heine

Englische Fragmente

(1828)

Glückseliges Albion, lustiges Alt-England! warum verließ ich dich? – Um die Gesellschaft von Gentlemen zu fliehen, und unter Lumpengesindel der einzige zu sein, der mit Bewußtsein lebt und handelt?

»Die ehrlichen Leute« von W. Alexis

1. Gespräch auf der Themse

– Der gelbe Mann stand neben mir auf dem Verdeck, als ich die grünen Ufer der Themse erblickte und in allen Winkeln meiner Seele die Nachtigallen erwachten. »Land der Freiheit,« rief ich, »ich grüße dich! – Sei mir gegrüßt, Freiheit, junge Sonne der verjüngten Welt! Jene ältere Sonnen, die Liebe und der Glaube, sind welk und kalt geworden, und können nicht mehr leuchten und wärmen. Verlassen sie die alten Myrtenwälder, die einst so übervölkert waren, und nur noch blöde Turteltauben nisten in den zärtlichen Büschen. Es sinken die alten Dome, die einst von einem übermütig frommen Geschlechte, das seinen Glauben in den Himmel hineinbauen wollte, so riesenhoch aufgetürmt wurden; sie sind morsch und verfallen, und ihre Götter glauben an sich selbst nicht mehr. Diese Götter sind abgelebt, und unsere Zeit hat nicht Phantasie genug, neue zu schaffen. Alle Kraft der Menschenbrust wird jetzt zu Freiheitsliebe, und die Freiheit ist vielleicht die Religion der neuen Zeit, und es ist wieder eine Religion, die nicht den Reichen gepredigt wurde, sondern den Armen, und sie hat ebenfalls ihre Evangelisten, ihre Märtyrer und ihre Ischarioths!«

»Junger Enthusiast«, sprach der gelbe Mann, »Sie werden nicht finden, was Sie suchen. Sie mögen recht haben, daß die Freiheit eine neue Religion ist, die sich über die ganze Erde verbreitet. Aber wie einst jedes Volk, indem es das Christentum annahm, solches nach seinen Bedürfnissen und seinem eignen Charakter modelte, so wird jedes Volk von der neuen Religion, von der Freiheit, nur dasjenige annehmen, was seinen Lokalbedürfnissen und seinem Nationalcharakter gemäß ist.

»Die Engländer sind ein häusliches Volk, sie leben ein begrenztes, umfriedetes Familienleben; im Kreise seiner Angehörigen sucht der Engländer jenes Seelenbehagen, das ihm schon durch seine angeborene gesellschaftliche Unbeholfenheit außer dem Hause versagt ist. Der Engländer ist daher mit jener Freiheit zufrieden, die seine persönlichsten Rechte verbürgt, und seinen Leib, sein Eigentum, seine Ehe, seinen Glauben und sogar seine Grillen unbedingt schützt. In seinem Hause ist niemand freier als ein Engländer; um mich eines berühmten Ausdrucks zu bedienen, er ist König und Bischof in seinen vier Pfählen, und nicht unrichtig ist sein gewöhnlicher Wahlspruch: *My house is my castle.*

Ist nun bei den Engländern das meiste Bedürfnis nach persönlicher Freiheit, so möchte wohl der Franzose im Notfall diese entbehren können, wenn man ihn nur jenen Teil der allgemeinen Freiheit, den wir Gleichheit nennen, vollauf genießen läßt. Die Franzosen sind kein häusliches Volk, sondern ein geselliges, sie lieben kein schweigendes Beisammensitzen, welches sie *une conversation anglaise* nennen, sie laufen plaudernd vom Kaffeehaus nach dem Kasino, vom Kasino nach den Salons, ihr leichtes Champagnerblut und angeborenes Umgangstalent treibt sie zum Gesellschaftsleben, und dessen erste und letzte Bedingung, ja dessen Seele ist: die Gleichheit. Mit der Ausbildung der Gesellschaftlichkeit in Frankreich mußte daher auch das Bedürfnis der Gleichheit entstehen, und wenn auch der Grund der Revolution im Budget zu suchen ist, so wurde ihr doch zuerst Wort und Stimme verliehen von jenen geistreichen Roturiers, die in den Salons von Paris mit der hohen Noblesse scheinbar auf einem Fuße der Gleichheit lebten, und doch dann und wann, sei es auch nur durch ein kaum bemerkbares, aber desto tiefer verletzendes Feudallächeln, an die große, schmachvolle Ungleichheit erinnert werden; – und wenn die *canaille returière* sich die Freiheit nahm, jene hohe Noblesse zu köpfen, so geschah dieses vielleicht weniger, um ihre Güter als um ihre Ahnen zu erben, und statt der bürgerlichen Ungleichheit eine adlige Gleichheit einzuführen. Daß dieses Streben nach Gleichheit das Hauptprinzip der Revolution war, dürfen wir um so mehr glauben, da die Franzosen sich bald glücklich und zufrieden fühlten unter der Herrschaft ihres großen Kaisers, der, ihre Unmündigkeit beachtend, all ihre Freiheit unter seiner strengen Kuratel hielt, und ihnen nur die Freude einer völligen, ruhmvollen Gleichheit überließ.

Weit geduldiger als der Franzose erträgt daher der Engländer den Anblick einer bevorrechteten Aristokratie; er tröstet sich, daß er selbst Rechte besitzt, die es jener unmöglich machen, ihn zu seinen häuslichen Komforts und in seinen Lebensansprüchen zu stören. Auch trägt jene Aristokratie nicht jene Rechte zur Schau wie auf dem Kontinente. In den Straßen und öffentlichen Vergnügungssälen London's sieht man bunte Bänder nur auf den Hauben der Weiber und goldne und silberne Abzeichen nur auf den Röcken der Lakaien. Auch jene schöne bunte Livree, die bei uns einen bevorrechteten Wehrstand ankündigt, ist in England nichts weniger als eine Ehrenauszeichnung; wie ein Schauspieler sich nach der Vorstellung die Schminke abwischt, so eilt auch der englische Offizier, sich seines roten Rocks zu entledigen, sobald die Dienststunde vorüber ist, und im schlichten Rock eines Gentleman ist er wieder ein Gentleman. Nur auf dem Theater zu St. James gelten jene Dekorationen und Kostüme, die aus dem Kehricht des Mittelalters aufbewahrt worden; da flattern die Ordensbänder, da blinken die Sterne, da rauschen die seidenen Hosen und Atlasschleppen, da knarren die goldenen Sporen und altfranzösischen Redensarten, da bläht sich der Ritter, da spreizt sich das Fräulein. Aber was kümmert einen freien Engländer die Hofkomödie zu St. James! wird er doch nie davon belästigt, und verwehrt es ihm ja niemand, wenn er in seinem Hause ebenfalls Komödie spielt, und seine Hausoffizianten vor sich knien läßt, und mit dem Strumpfband der Köchin tändelt – *honni soit qui mal y pense!*

Was die Deutschen betrifft, so bedürfen sie weder der Freiheit noch der Gleichheit. Sie sind ein spekulatives Volk, Ideologen, Vor- und Nachdenker, Träumer, die nur in der Vergangenheit und in der Zukunft leben, und keine Gegenwart haben. Engländer und Franzosen haben eine Gegenwart, bei ihnen hat jeder Tag seinen Kampf und Gegenkampf und seine Geschichte. Der Deutsche hat nichts, worüber er kämpfen sollte, und da er zu mutmaßen begann, daß es doch Dinge geben könne, deren Besitz wünschenswert wäre, so haben wohlweise seine Philosophen ihn gelehrt, an der Existenz solcher Dinge zu zweifeln. Es läßt sich nicht leugnen, daß auch die Deutschen die Freiheit lieben, aber anders wie andere Völker. Der Engländer liebt die Freiheit wie sein rechtmäßiges Weib, er besitzt sie, und wenn er sie auch nicht mit absonderlicher Zärtlichkeit behandelt, so weiß er sie doch im Notfall wie ein Mann zu verteidigen, und wehe dem rotgeröckten Burschen, der sich in ihr heiliges Schlafgemach drängt – sei es als Galant oder als Scherge. Der Franzose liebt die Freiheit wie seine Braut. Er glüht für sie, er flammt, er wirft sich zu ihren Füßen mit den überspanntesten Beteuerungen, er schlägt sich für sie auf Tod und Leben, begeht für sie tausenderlei Torheiten. Der Deutsche liebt die Freiheit wie seine alte Großmutter.«

Gar wunderlich sind doch die Menschen! Im Vaterlande brummen wir, jede Dummheit, jede Bekehrtheit dort verdrießt uns, wie Knaben möchten wir täglich davonlaufen in die weite Welt; sind wir endlich wirklich in die weite Welt gekommen, so ist uns diese wieder zu weit, und heimlich sehnen wir uns oft wieder nach den engen Dummheiten und Verkehrtheiten der Heimat, und wir möchten wieder dort in der alten wohlbekannten Stube sitzen, und uns, wenn es anginge, ein Haus hinter dem Ofen bauen, und warm drin hocken, und den allgemeinen Anzeiger der Deutschen lesen. So ging es auch mir auf der Reise nach England. Kaum verlor ich den Anblick der deutschen Küste, so erwachte in mir eine kuriose Nachliebe für jene teutonischen Schlafmützen- und Perückenwälder, die ich eben noch mit Unmut verlassen, und als ich das Vaterland aus den Augen verloren hatte, fand ich es im Herzen wieder.

Daher mochte wohl meine Stimme etwas weich klingen, als ich dem gelben Mann antwortete: »Lieber Herr, scheltet mir nicht die Deutschen! Wenn sie auch Träumer sind, so haben doch manche unter ihnen so schöne Träume geträumt, daß ich sie kaum vertauschen möchte gegen die wachende Wirklichkeit unserer Nachbarn. Da wir alle schlafen und träumen, so können wir vielleicht die Freiheit entbehren; denn unsere Tyrannen schlafen ebenfalls und träumen bloß ihre Tyrannei. Nur damals sind wir erwacht, als die katholischen Römer unsere Traumfreiheit geraubt hatten; da handelten wir und siegten, und legten uns wieder hin und träumten. O Herr, spottet nicht unserer Träumer, dann und wann, wie Somnambule, sprechen sie Wunderbares im Schlafe, und ihr Wort wird Saat der Freiheit. Keiner kann absehen die Wendung der Dinge. Der spleenige Britte, seines Weibes überdrüssig, legt ihr vielleicht einen Strick um den Hals und bringt sie zum Verkauf nach Smithfield. Der flatternde Franzose wird seiner geliebten Braut vielleicht treulos und verläßt sie, und tänzelt singend nach den Hofdamen *(courtisanes)* seines königlichen Palastes *(palais royal)*. Der Deutsche wird aber seine alte Großmutter nie ganz von der Türe stoßen, er wird ihr immer ein Plätzchen am Herde gönnen, wo sie den horchenden Kindern ihre Märchen erzählen kann. – Wenn einst, was Gott verhüte, in der ganzen Welt die Freiheit verschwunden ist, so wird ein deutscher Träumer sie in seinen Träumen wieder entdecken.«

Während nun das Dampfboot, und auf demselben unser Gespräch, den Strom hinaufschwamm, war die Sonne untergegangen, und ihre letzten Strahlen beleuchteten das Hospital zu Greenwich, ein imposantes pallastreiches Gebäude, das eigentlich aus zwei Flügeln besteht, deren Zwischenraum leer ist, und einen, mit einem artigen Schlößlein gekrönten, waldgrünen Berg den Vorbeifahrenden sehen läßt. Auf dem Wasser nahm jetzt das Gewühl der Schiffe immer zu, und ich wunderte mich, wie geschickt diese großen Fahrzeuge sich einander ausweichen. Da grüßt im Begegnen manch ernsthaft freundliches Gesicht, das man nie gesehen hat, und vielleicht auch nie wieder sehen wird. Man fährt sich so nahe vorbei, daß man sich die Hände reichen könnte zum Willkommen und Abschied zu gleicher Zeit. Das Herz schwillt beim Anblick so vieler schwellenden Segel und wird wunderbar aufgeregt, wenn vom Ufer her das verworrene Summen und die ferne Tanzmusik und der dumpfe Matrosenlärm herandröhnt. Aber im weißen Schleier des Abendnebels verschwimmen allmählich die Konturen der Gegenstände, und sichtbar bleibt nur ein Wald von Mastbäumen, die lang und kahl hervorragen.

Der gelbe Mann stand noch immer neben mir und schaute sinnend in die Höhe, als suche er im Nebelhimmel die bleichen Sterne. Noch immer in die Höhe schauend, legte er die Hand auf meine

Schulter, und in einem Tone, als wenn geheime Gedanken unwill-
kürlich zu Worten werden, sprach er: »Freiheit und Gleichheit! man
findet sie nicht hier unten und nicht einmal dort oben. Dort jene
Sterne sind nicht gleich, einer ist größer und leuchtender als der
andere, keiner von ihnen wandelt frei, alle gehorchen sie vorge-
schriebenen, eisernen Gesetzen – Sklaverei ist im Himmel wie auf
Erden.«

»Das ist der Tower!«, rief plötzlich einer unserer Reisegefährten,
indem er auf ein hohes Gebäude zeigte, das aus dem nebelbedeck-
ten London wie ein gespenstisch dunkler Traum hervorstieg.

II. London

Ich habe das Merkwürdigste gesehen, was die Welt dem stau-
nenden Geiste zeigen kann, ich habe gesehen und staune noch immer – noch immer starrt in meinem Gedächtnisse dieser steinerne
Wald von Häusern und dazwischen der drängende Strom lebendi-
ger Menschengesichter mit all' ihren bunten Leidenschaften, mit all
ihrer grauenhaften Hast der Liebe, des Hungers und des Hasses –
ich spreche von London.

Schickt einen Philosophen nach London; beileibe keinen Poeten!
Schickt einen Philosophen hin und stellt ihn an eine Ecke von Cheapside, er wird hier mehr lernen als aus allen Büchern der letzten
Leipziger Messe; und wie die Menschenwogen ihn umrauschen, so
wird auch ein Meer von neuen Gedanken vor ihm aufsteigen, der
ewige Geist, der darüber schwebt, wird ihn anwehen, die verbor-
gensten Geheimnisse der gesellschaftlichen Ordnung werden sich
ihm plötzlich offenbaren, er wird den Pulsschlag der Welt hörbar
vernehmen und sichtbar sehen – denn wenn London die rechte
Hand der Welt ist, die tätige, mächtige rechte Hand, so ist jene Straße, die von der Börse nach Downingstreet führt, als die Pulsader der
Welt zu betrachten.

Aber schickt keinen Poeten nach London! Dieser bare Ernst aller
Dinge, diese kolossale Einförmigkeit, diese maschinenhafte Bewegung, diese Verdrießlichkeit der Freude selbst, dieses übertriebene
London erdrückt die Phantasie und zerreißt das Herz. Und wolltet
ihr gar einen deutschen Poeten hinschicken, einen Träumer, der vor
jeder einzelnen Erscheinung stehen bleibt, etwa vor einem zerlumpten Bettelweib oder einem blanken Goldschmiedladen – o! dann

geht es ihm erst recht schlimm, und er wird von allen Seiten fortgeschoben oder gar mit einem milden *God damn!* niedergestoßen. *God damn!* das verdammte Stoßen! Ich merkte bald, dieses Volk hat viel zu tun. Es lebt auf einem großen Fuße, es will, obgleich Futter und Kleider in seinem Lande teurer sind als bei uns, dennoch besser gefüttert und besser gekleidet sein als wir; wie zur Vornehmheit gehört, hat es auch große Schulden, dennoch aus Großprahlerei wirft es zuweilen seine Guineen zum Fenster hinaus, bezahlt andere Völker, daß sie sich zu seinem Vergnügen herumboxen, gibt dabei ihren respektiven Königen noch außerdem ein gutes Douceur – und deshalb hat John Bull Tag und Nacht zu arbeiten, um Geld zu solchen Ausgaben anzuschaffen, Tag und Nacht muß er sein Gehirn anstrengen zur Erfindung neuer Maschinen, und er sitzt und rechnet im Schweiße seines Angesichts, und rennt und läuft, ohne sich viel umzusehen, vom Hafen nach der Börse, von der Börse nach dem Strand, und da ist es sehr verzeihlich, wenn er an der Ecke von Cheapside einen armen deutschen Poeten, der, einen Bilderladen angaffend, ihm in dem Wege steht, etwas unsanft auf die Seite stößt. »*God damn!*«

Das Bild aber, welches ich an der Ecke von Cheapside angaffte, war' der Übergang der Franzosen über die Beresina.

Als ich, aus dieser Betrachtung aufgerüttelt, wieder auf die tosende Straße blickte, wo ein buntscheckiger Knäuel von Männern, Weiber, Kindern, Pferden, Postkutschen, darunter auch ein Leichenzug, sich brausend, schreiend, ächzend und knarrend dahinwälzte: da schien es mir, als sei ganz London so eine Beresinabrücke, wo jeder in wahnsinniger Angst, um sein bißchen Leben zu fristen, sich durchdrängen will, wo der kecke Reiter den armen Fußgänger niederstampft, wo derjenige, der zu Boden fällt, auf immer verloren ist, wo die besten Kameraden fühllos, einer über die Leiche des andern, dahineilen, und Tausende, die, sterbensmatt und blutend, sich vergebens an den Planken der Brücke festklammern wollten, in die kalte Eisgrube des Todes hinabstürzen.

Wie viel heiterer und wohnlicher ist es dagegen in unserem lieben Deutschland! Wie traumhaft gemach, wie sabbatlich ruhig bewegen sich hier die Dinge! Ruhig zieht die Wache auf, im ruhigen Sonnenschein glänzen die Uniformen und Häuser, an den Fliesen flattern die Schwalben, aus den Fenstern lächeln dicke Justizrätinnen, auf den hallenden Straßen ist Platz genug: die Hunde können sich gehörig anriechen, die Menschen können bequem stehen bleiben und über das Theater diskutieren und tief, tief grüßen, wenn irgendein vornehmes Lümpchen oder Vicelümpchen mit bunten Bändchen auf dem abgeschabten Röckchen, oder ein gepudertes, vergoldetes Hofmarschälkchen gnädig wiedergrüßend vorbeitänzelt!

Ich hatte mir vorgenommen, über die Großartigkeit London's, wovon ich so viel gehört, nicht zu erstaunen. Aber es ging mir wie dem armen Schulknaben, der sich vornahm, die Prügel, die er empfangen sollte, nicht zu fühlen. Die Sache bestand eigentlich in dem Umstande, daß er die gewöhnlichen Hiebe mit dem gewöhnlichen Stocke, wie gewöhnlich, auf dem Rücken erwartete, und statt dessen eine ungewöhnliche Tracht Schläge, auf einem ungewöhnlichen Platze, mit einem dünnen Röhrchen empfing. Ich erwartete große Paläste, und sah nichts als lauter kleine Häuser. Aber eben die Gleichförmigkeit derselben und ihre unabsehbare Menge imponiert so gewaltig.

Diese Häuser von Ziegelsteinen bekommen durch feuchte Luft und Kohlendampf gleiche Farbe, nämlich bräunliches Olivengrün; sie sind alle von derselben Bauart, gewöhnlich zwei oder drei Fenster breit, drei hoch, und oben mit kleinen roten Schornsteinen geziert, die wie blutig ausgerissene Zähne aussehen, dergestalt, daß die breiten, regelrechten Straßen, die sie bilden, nur zwei unendlich lange kasernenartige Häuser zu sein scheinen. Dieses hat wohl seinen Grund in dem Umstande, daß jede englische Familie, und bestände sie auch nur aus zwei Personen, dennoch ein ganzes Haus, ihr eignes Kastell, bewohnen will, und reiche Spekulanten, solchem Bedürfnis entgegenkommend, ganze Straßen bauen, worin sie die Häuser einzeln wieder verhökern. In den Hauptstraßen der City, demjenigen Teile London's, wo der Sitz des Handels und der Gewerke, wo noch altertümliche Gebäude zwischen den neuen zerstreut sind, und wo auch die Vorderseiten der Häuser mit ellenlangen Namen und Zahlen, gewöhnlich goldig und en Relief, bis ans Dach bedeckt sind: da ist jene charakteristische Einförmigkeit der Häuser nicht so auffallend, um so weniger, da das Auge des Fremden unaufhörlich beschäftigt wird durch den wunderbaren Anblick

neuer und schöner Gegenstände, die an den Fenstern der Kaufläden
ausgestellt sind. Nicht bloß diese Gegenstände selbst machen den
größten Effekt, weil der Engländer alles, was er verfertigt, auch
vollendet liefert, und jeder Luxusartikel, jede Astrallampe und jeder
Stiefel, jede Teekanne und jeder Weiberrock uns so finished und
einladend entgegenglänzt, sondern auch die Kunst der Aufstellung,
Farbenkontrast und Mannigfaltigkeit gibt den englischen Kaufläden
einen eignen Reiz; selbst die alltäglichen Lebensbedürfnisse er-
scheinen in einem überraschenden Zauberglanze, gewöhnliche
Eßwaren locken uns durch ihre neue Beleuchtung, sogar rohe Fische liegen so wohlgefällig appretiert, daß uns der regenbogenfar-
bige Glanz ihrer Schuppen ergötzt, rohes Fleisch liegt wie gemalt
auf saubern, bunten Porzellantellerchen, mit lachender Petersilie
umkränzt, ja alles erscheint uns wie gemalt und mahnt uns an die
glänzenden und doch so bescheidenen Bilder des Franz Mieris. Nur
die Menschen sind nicht so heiter wie auf diesen holländischen
Gemälden, mit den ernsthaftesten Gesichtern verkaufen sie die
lustigsten Spielsachen, und Zuschnitt und Farbe ihrer Kleidung ist
gleichförmig wie ihre Häuser.

Auf der entgegengesetzten Seite London's, die man das Westende
nennt, *the west end of the town*, und wo die vornehmere und minder
beschäftigte Welt lebt, ist jene Einförmigkeit noch vorherrschender;
doch gibt es hier ganz lange, gar breite Straßen, wo alle Häuser groß
wie Paläste, aber äußerlich nichts weniger als ausgezeichnet sind,
außer daß man hier, wie an allen nicht ganz ordinären Wohnhäu-
sern London's die Fenster der ersten Etage mit eisengittrigen Balko-
nen verziert sieht und auch *au rez de chaussée* ein schwarzes Gitter-
werk findet, wodurch eine in die Erde gegrabene Kellerwohnung
geschützt wird. Auch findet man in diesem Teile der Stadt große
Squares: Reihen von Häusern gleich den obenbeschriebenen, die ein
Viereck bilden, in dessen Mitte ein von schwarzem Eisengitter um-
schlossener Garten mit irgendeiner Statue befindlich ist. Auf allen
diesen Plätzen und Straßen wird das Auge des Fremden nirgends
beleidigt von baufälligen Hütten des Elends. Überall starrt Reichtum und Vornehmheit, und hineingedrängt in abgelegene Gäßchen
und dunkle feuchte Gänge wohnt die Armut mit ihren Lumpen und
ihren Tränen.

Der Fremde, der die großen Straßen London's durchwandert und nicht just in die eigentlichen Pöbelquartiere gerät, sieht daher nichts oder sehr wenig von dem vielen Elend, das in London vorhanden ist. Nur hie und da am Eingange eines dunklen Gäßchens steht schweigend ein zerfetztes Weib, mit einem Säugling an der abgehärmten Brust, und bettelt mit den Augen. Vielleicht wenn diese Augen noch schön sind, schaut man einmal hinein – und erschrickt ob der Welt von Jammer, die man darin geschaut hat. Die gewöhnlichen Bettler sind alte Leute, meistens Mohren, die an den Straßenecken stehen und, was im kotigen London sehr nützlich ist, einen Pfad für Fußgänger kehren und dafür eine Kupfermünze verlangen. Die Armut in Gesellschaft des Lasters und des Verbrechens schleicht erst des Abends aus ihren Schlupfwinkeln. Sie scheut das Tageslicht um so ängstlicher, je grauenhafter ihr Elend kontrastiert mit dem Übermute des Reichtums, der überall hervorprunkt; nur der Hunger treibt sie manchmal um Mittagszeit aus dem dunkeln Gäßchen, und da steht sie mit stummen, sprechenden Augen und starrt flehend empor zu dem reichen Kaufmann, der geschäftiggeldklimpernd vorübereilt, oder zu dem müßigen Lord, der wie ein satter Gott auf hohem Roß einherreitet und auf das Menschengewühl unter ihm dann und wann einen gleichgültig vornehmen Blick wirft, als wären es winzige Ameisen oder doch nur ein Haufen niedriger Geschöpfe, deren Lust und Schmerz mit seinen Gefühlen nichts gemein hat – denn über dem Menschengesindel, das am Erdboden festklebt, schwebt Englands Nobility, wie Wesen höherer Art, die das kleine England nur als ihr Absteigequartier, Italien als ihren Sommergarten, Paris als ihren Gesellschaftssaal, ja die ganze Welt als ihr Eigentum betrachten. Ohne Sorgen und ohne Schranken schweben sie dahin, und ihr Gold ist ein Talisman, der ihre tollsten Wünsche in Erfüllung zaubert.

Arme Armut!, wie peinigend muß dein Hunger sein, dort wo andere im höhnenden Überflüsse schwelgen! Und hat man dir auch mit gleichgültiger Hand eine Brotkruste in den Schoß geworfen, wie bitter müssen die Tränen sein, womit du sie erweichst! Du vergiftest dich mit deinen eigenen Tränen. Wohl hast du recht, wenn du dich zu dem Laster und Verbrechen gesellst. Ausgestoßene Verbrecher tragen oft mehr Menschlichkeit im Herzen als jene kühlen, untadelhaften Staatsbürger der Tugend, in deren bleichen Herzen die Kraft des Bösen erloschen ist, aber auch die Kraft des Guten. Und gar das Laster ist nicht immer Laster. Ich habe Weiber gesehen, auf deren Wangen das rote Laster gemalt war, und in ihrem Herzen wohnte himmlische Reinheit. Ich habe Weiber gesehen – ich wollt', ich sähe sie wieder! –

III. Die Engländer

Unter den Bogengängen der Londoner Börse hat jede Nation ihren angewiesenen Platz, und auf hochgesteckten Täfelchen liest man die Namen: Russen, Spanier, Schweden, Deutsche, Malteser, Juden, Hanseaten, Türken usw. Vormals stand jeder Kaufmann unter dem Täfelchen, worauf der Name seiner Nation geschrieben. Jetzt aber würde man ihn vergebens dort suchen; die Menschen sind fortgerückt; wo einst Spanier standen, stehen jetzt Holländer, die Hanseaten traten an die Stelle der Juden, wo man Türken sucht, findet man jetzt Russen, die Italiener stehen, wo einst die Franzosen gestanden, sogar die Deutschen sind weiter gekommen.

Wie auf der Londoner Börse, so auch in der übrigen Welt sind die alten Täfelchen stehen geblieben, während die Menschen darunter weggeschoben und andere an ihre Stelle gekommen sind, deren neue Köpfe sehr schlecht passen zu der alten Aufschrift. Die alten stereotypen Charakteristiken der Völker, wie wir solche in gelehrten Kompendien und Bierschenken finden, können uns nichts mehr nutzen und nur zu trostlosen Irrtümern verleiten. Wie wir unter unsern Augen in den letzten Jahrzehnten den Charakter unserer westlichen Nachbarn sich allmählich umgestalten sahen, so können wir seit Aufhebung der Kontinentalsperre eine ähnliche Umwandlung jenseits des Kanals wahrnehmen. Steife, schweigsame Engländer wallfahren scharenweis nach Frankreich, um dort sprechen und sich bewegen zu lernen, und bei ihrer Rückkehr sieht man mit Erstaunen, daß ihnen die Zunge gelöst ist, daß sie nicht mehr wie sonst zwei linke Hände haben, und nicht mehr mit Beefsteak und Plumpudding zufrieden sind. Ich selbst habe einen solchen Engländer gesehen, der in Tavistock-Tavern etwas Zucker zu seinem Blumenkohl verlangt hat, eine Ketzerei gegen die strenge anglikanische Küche, worüber der Kellner fast rücklings fiel, indem gewiß seit der römischen Invasion der Blumenkohl in England nie anders als in Wasser abgekocht und ohne süße Zutat verzehrt worden. Es war derselbe Engländer, der obgleich ich ihn vorher nie gesehen, sich zu mir setzte und einen so zuvorkommend französischen Diskurs anfing, daß ich nicht umhin konnte, ihm zu gestehen, wie sehr es mich freue, einmal einen Engländer zu finden, der nicht gegen den Fremden zurückhaltend sei, worauf er ohne Lächeln eben so freimütig entgegnete, daß er mit mir spräche, um sich in der französischen Sprache zu üben.

Es ist auffallend, wie die Franzosen täglich nachdenklicher, tiefer und ernster werden, in eben dem Maße, wie die Engländer dahin streben, sich ein legères, oberflächliches und heiteres Wesen anzueignen; wie im Leben selbst, so auch in der Literatur. Die Londoner Pressen sind vollauf beschäftigt mit fashionablen Schriften, mit Romanen, die sich in der glänzenden Sphäre des high life bewegen oder dasselbe abspiegeln, wie z. ß. *Almacks, Vivian, Grey, Tremaine, the Guards, Flirtation,* welcher letztere Roman die beste Bezeichnung wäre für die ganze Gattung, für jene Koketterie mit ausländischen Manieren und Redensarten, jene plumpe Feinheit, schwerfällige Leichtigkeit, saure Süßelei, gezierte Rohheit, kurz für das ganze unerquickliche Treiben jener hölzernen Schmetterlinge, die in den Sälen West-London's herumflattern.

Dagegen welche Literatur bietet uns jetzt die französische Presse, jene echte Repräsentation des Geistes und Willens der Franzosen! Wie ihr großer Kaiser die Muße seiner Gefangenschaft dazu anwandte, sein Leben zu diktieren, uns die geheimsten Ratschlüsse seiner göttlichen Seele zu offenbaren, und den Felsen von St. Helena in einen Lehrstuhl der Geschichte zu verwandeln, von dessen Höhe die Zeitgenossen gerichtet und die spätesten Enkel belehrt werden: so haben auch die Franzosen selbst angefangen, die Tage ihres Mißgeschicks, die Zeit ihrer politischen Untätigkeit so rühmlich als möglich zu benützen; auch sie schreiben die Geschichte ihrer Taten, jene Hände, die so lange das Schwert geführt, werden wieder ein Schrecken ihrer Feinde, indem sie zur Feder greifen, die ganze Nation ist gleichsam beschäftigt mit der Herausgabe ihrer Memoiren, und folgt sie meinem Rate, so veranstaltet sie noch eine ganz besondere Ausgabe *ad usum Delphini,* mit hübschkolorierten Abbildungen von der Einnahme der Bastille, dem Tuileriensturm u. Dgl. m.

Habe ich aber oben angedeutet, wie heutzutage die Engländer leicht und frivol zu werden suchen, und in jene Affenhaut hineinkriechen, die jetzt die Franzosen von sich abstreifen, so muß ich nachträglich bemerken, daß ein solches Streben mehr aus der Nobility und Gentry, der vornehmen Welt, als aus dem Bürgerstande hervorgeht. Im Gegenteil, der gewerbetreibende Teil der Nation, besonders die Kaufleute in den Fabrikstädten und fast alle Schotten, tragen das äußere Gepräge des Pietismus, ja ich möchte sagen Puritanismus, so daß dieser gottselige Teil des Volkes mit den weltlich gesinnten Vornehmen auf dieselbe Weise kontrastiert wie die Kavaliere und Stutzköpfe, die Walter Scott in seinen Romanen so wahrhaft schildert.

Man erzeigt dem schottischen Barden zu viel Ehre, wenn man glaubt, sein Genius habe die äußere Erscheinung und innere Denkweise dieser beiden Parteien der Geschichte nachgeschaffen, und es sei ein Zeichen seiner Dichtergröße, daß er, vorurteilsfrei wie ein richtender Gott, beiden ihr Recht antut und beide mit gleicher Liebe behandelt. Wirft man nur einen Blick in die Betstuben von Liverpool und Manchester, und dann in die fashionalen Salons von West-London, so sieht man deutlich, daß Walter Scott bloß seine eigene Zeit abgeschrieben und ganz heutige Gestalten in alte Trachten gekleidet hat. Bedenkt man gar, daß er von der einen Seite selbst als Schotte durch Erziehung und Nationalgeist eine puritanische Denkweise eingesogen hat, auf der andern Seite als Tory, der sich gar ein Sprößling der Stuarts dünkt, von ganzer Seele recht königlich und adeltümlich gesinnt sein muß, und daher seine Gefühle und Gedanken beide Richtungen mit gleicher Liebe umfassen und zugleich durch deren Gegensatz neutralisiert werden: so erklärt sich sehr leicht seine Unparteilichkeit bei der Schilderung der Aristokraten und Demokraten aus Cromwell's Zeit, eine Unparteilichkeit, die uns zu dem Irrtume verleitete, als dürften wir in seiner Geschichte Napoleon's eine ebenso treue *fair play*-Schilderung der französischen Revolutionshelden von ihm erwarten.[1]

---

[1] Heine's prophetische Vorkritik über das angekündigte »Leben Napoleon Bonaparte's von Walter Scott« findet sich in den »Reisebildern«: Norderney S. 74ff. Anm. des Herausgebers.

Wer England aufmerksam betrachtet, findet jetzt täglich Gelegenheit, jene beiden Tendenzen, die frivole und puritanische, in ihrer widerwärtigsten Blüte und, wie sich von selbst versteht, ihren Zweikampf zu beobachten. Eine solche Gelegenheit gab ganz besonders der famose Prozeß des Herrn Wakefield, eines lustigen Kavaliers, der gleichsam aus dem Stegreif die Tochter des reichen Herrn Turner, eines Liverpooler Kaufmanns, entführt und zu Gretna Green, wo ein Schmied wohnt, der die stärksten Fesseln schmiedet, geheiratet hatte. Die ganze kopfhängerische Sippschaft, das ganze Volk der Auserlesenen Gottes, schrie Zeter über solche Verruchtheit, in den Betstuben Liverpool's erflehte man die Strafe des Himmels über Wakefield und seinen brüderlichen Helfer, die der Abgrund der Erde verschlingen sollte wie die Rotte des Korah, Dathan und Abiram, und um der heiligen Rache noch sicherer zu sein, wurde zu gleicher Zeit in den Gerichtssälen London's der Zorn des Kings-Bench, des Großkanzlers und selbst des Oberhauses auf die Entweiher des heiligsten Sakramentes herabplädiert – während man in den fashionablen Salons über den kühnen Mädchenräuber gar tolerant zu scherzen und zu lachen wußte. Am ergötzlichsten zeigte sich mir dieser Kontrast beider Denkweisen, als ich einst in der großen Oper neben zwei dicken Manchesternen Damen saß, die diesen Versammlungsort der vornehmen Welt zum ersten Male in ihrem Leben besuchten und den Abscheu ihres Herzens nicht stark genug kundgeben konnten, als das Ballett begann, die hochgeschürzten schönen Tänzerinnen ihre üppig graziösen Bewegungen zeigten, ihre lieben langen, lasterhaften Beine ausstreckten, und plötzlich bacchantisch den entgegenhüpfenden Tänzern in die Arme stürzten; die warme Musik, die Urkleider von fleischfarbigem Trikot, die Naturalsprünge, alles vereinigte sich, den armen Damen Angstschweiß auszupressen, ihre Busen erröteten vor Unwillen, *shocking! for shame, for shame!* ächzten sie beständig, und sie waren so sehr von Schrecken gelähmt, daß sie nicht einmal das Perspektiv vom Auge fortnehmen konnten und bis zum letzten Augenblicke, bis der Vorhang fiel, in dieser Situation sitzen blieben.

Trotz dieser entgegengesetzten Geistes- und Lebensrichtungen findet man doch wieder im englischen Volke eine Einheit der Gesinnung, die eben darin besteht, daß es sich als ein Volk fühlt; die neueren Stutzköpfe und Kavaliere mögen sich immerhin wechselseitig hassen und verachten, dennoch hören sie nicht auf, Engländer zu sein; als solche sind sie einig und zusammengehörig, wie Pflanzen, die aus demselben Boden hervorgeblüht und mit diesem Boden wunderbar verwebt sind. Daher die geheime Übereinstimmung des ganzen Lebens und Webens in England, das uns beim ersten Anblick nur ein Schauplatz der Verwirrung und Widersprüche dünken will. Überreichtum und Misère, Orthodoxie und Unglauben, Freiheit und Knechtschaft, Grausamkeit und Milde, Ehrlichkeit und Gaunerei, diese Gegensätze in ihren tollsten Extremen, darüber der graue Nebelhimmel, von allen Seiten summende Maschinen, Zahlen, Gaslichter, Schornsteine, Zeitungen, Porterkrüge, geschlossene Mäuler, alles dieses hängt so zusammen, daß wir uns keins ohne das andere denken können, und was vereinzelt unser Erstaunen oder Lachen erregen würde, erscheint uns als ganz gewöhnlich und ernsthaft in seiner Vereinigung.

Ich glaube aber, so wird es uns überall gehen, sogar in solchen Landen, wovon wir noch seltsamere Begriffe hegen, und wo wir noch reichere Ausbeute des Lachens und Staunens erwarten. Unsere Reiselust, unsere Begierde, fremde Länder zu sehen, besonders wie wir solche Knabenalter empfinden, entsteht überhaupt durch jene irrige Erwartung außerordentlicher Kontraste, durch jene geistige Maskeradelust, wo wir Menschen und Denkweise unserer Heimat in jene fremde Länder hineindenken, und solchermaßen unsere besten Bekannten in die fremden Kostüme und Sitten vermummen.

Denken wir z.B. an die Hottentotten, so sind es die Damen unserer Vaterstadt, die schwarz angestrichen und mit gehöriger Hinterfülle in unserer Vorstellung umhertanzen, während unsere jungen Schöngeister als Buschklepper auf die Palmbäume hinaufklettern; denken wir an die Bewohner der Nordpol-Länder, so sehen wir dort ebenfalls die wohlbekannten Gesichter, unsere Muhme fährt in ihrem Hundeschlitten über die Eisbahn, der dürre Herr Konrektor liegt auf der Bärenhaut und säuft ruhig seinen Morgentran, die Frau Accise-Einnehmerin, die Frau Inspektorin und die Frau Infibulationsrätin hocken beisammen und kauen Talglichter usw. Sind wir aber in jene Länder wirklich gekommen, so sehen wir bald, daß dort die Menschen mit Sitten und Kostüm gleichsam verwachsen sind, daß die Gesichter zu den Gedanken und die Kleider zu den Bedürf-

nissen passen, ja daß Pflanzen, Tiere, Menschen und Land ein zu-
sammenstimmendes Ganze bilden.

IV. John Bull

(Übersetzt aus einer englischen Beschreibung London's)

Es scheint, als ob die Irländer durch ein unveränderliches Gesetz
ihrer Natur den Müßiggang als das echte, charakteristische Kenn-
zeichen eines Gentlemans betrachten; und da ein jeder dieses Volkes, kann er auch aus Armut nicht einmal sein gentiles Hinterteil
bedecken, dennoch ein geborener Gentleman ist, so geschieht es,
daß verhältnismäßig wenige Sprößlinge des grünen Erin sich mit
den Kaufleuten der City vermischen. Diejenigen Irländer, welche
wenig oder gar keine Erziehung genossen, und solcher zählt man
wohl die meisten, sind Taglohn-Gentlemen (gentlemen daylabou-
rers), und die übrigen sind Gentlemen an und für sich selbst. Könnten sie durch einen raschen *coup de main* zum Genusse eines mer-
kantilischen Reichtums gelangen, so würden sie sich wohl gerne
dazu entschließen; aber sie können sich nicht auf dreifüßige Komp-
toirstühlchen niederlassen und über Pulte und lange Handelsbü-
cher gebeugt liegen, um sich langsame Schätze zu erknicken.

Dergleichen aber ist ganz die Sache eines Schotten. Sein Verlangen, den Gipfel des Baumes zu erreichen, ist ebenfalls ziemlich heftig; aber seine Hoffnungen sind weniger sanguinisch als beharrlich,
und mühsame Ausdauer ersetzt das momentane Feuer. Der Irländer springt und hüpft wie ein Eichhörnchen; und wenn er, was oft
geschieht, sich an Stamm und Zweigen nicht fest genug hielt,
schießt er dort herab in den Kot, steht dort besudelt, wenn auch
nicht verletzt, und eine Menge von Hin- und Hersprüngen werden
Vorbereitungen zu einem neuen Versuche, der wahrscheinlich eben
so fruchtlos ablaufen wird. Hingegen der zögernde Schotte wählt
sich seinen Baum mit großer Sorgfalt, er untersucht, ob er gut ge-
wachsen ist und stark genug, ihn zu tragen, und kräftig wurzelnd,
um nicht von den Stürmen des Zufalls niedergeblasen zu werden.
Er sorgt auch, daß die niedrigsten Äste ganz in seinem Bereiche
sind und durch eine bequeme Folge von Knoten an der Rinde sein
Aufschwingen sicher vollbracht werden kann. Er beginnt von unten
an, betrachtet genau jeden Zweig, bevor er sich ihm anvertraut, und
bewegt nie den einen Fuß, ehe er sicher ist, daß der andre recht fest

steht. Andre Leute, welche hitziger und minder bedächtig sind, klimmen über ihn fort, und bespötteln die ängstliche Langsamkeit seiner Fortschritte; aber das kümmert ihn wenig, er klettert weiter; geduldig und beharrlich, und wenn jene niederpurzeln und er oben auf ist, so kömmt das Lachen an ihn, und er lacht recht herzlich.

Diese bewunderungswerte Fähigkeit des Schotten sich in Handelsgeschäften hervorzutun, seine außerordentliche Nachgiebigkeit gegen seinen Vorgesetzten, die beständige Hast, womit er sein Segel nach jedem Winde aufspannt, hat nicht allein bewirkt, daß man in den Handelshäusern London's eine Unzahl schottischer Schreiber, sondern auch Schotten als Kompagnons finden kann. Dennoch vermochten die Schotten keineswegs, trotz ihrer Anzahl und ihres Einflusses, dieser Sphäre der Londoner Gesellschaft ihren Nationalcharakter einzuprägen. Eben jene Eigenschaften, wodurch sie beim Anfang ihrer Laufbahn die besten Diener ihrer Obern und späterhin die besten Associés sind, bewirken auch, daß sie die Sitten und den Geschmack ihrer Umgebung nachäffen. Außerdem finden sie, daß jene Gegenstände, worauf sie zu Hause den höchsten Wert legten, in ihrer neuen Heimat wenig geachtet werden. Ihre kleinlichen Feudalverbindungen, ihre prahlende Vetterschaft mit irgendeinem unbarbierten Eigentümer von zwei oder drei kahlen Bergen, ihre Legenden von zwei oder drei außerordentlichen Männern, deren Namen man niemals außerhalb Schottland gehört hat, ihre puritanische Mäßigkeit, worin sie erzogen worden, und die Sparsamkeit, die sie sich zu eigen gemacht – all dergleichen stimmt nicht überein mit den positiven und verschwenderischen Gewöhnungen John Bull's.

Das Gepräge John Bull's ist so tief und scharf wie das einer griechischen Denkmünze; und wo und wie man ihn findet, sei es in London oder Kalkutta, sei es als Herr oder Diener, kann man ihn nie verkennen. Überall ist er ein Wesen wie eine plumpe Tatsache, sehr ehrlich, aber kalt und durchaus abstoßend. Er hat ganz die Solidität einer materiellen Substanz, und man kann nie umhin zu bemerken, daß, wo er auch sei und mit wem er auch sei, John Bull sich doch immer als die Hauptperson betrachtet – so wie auch, daß er niemals Rat oder Lehrer von demjenigen annehmen wird, der sich vorher die Miene gegeben, als ob er dessen bedürfe. Und wo er auch sei, bemerkt man: sein eigner Komfort, sein eigner unmittelbarer, persönlicher Komfort, ist der große Gegenstand all' seiner Wünsche und Bestrebungen.

Denkt John Bull, daß Aussicht zu irgendeinem Gewinn vorhanden ist, so wird er schon beim ersten Zusammentreffen sich mit jemand einlassen. Will man aber einen intimen Freund an ihm haben, so muß man ihm wie einem Frauenzimmer die Kur machen; hat man endlich seine Freundschaft erlangt, so findet man bald, daß sie nicht der Mühe wert war. Vorher, ehe man sich um ihn bewarb, gab er kalte, genaue Höflichkeit, und was er nachher zu geben hat, ist nicht viel mehr. Man findet bei ihm eine mechanische Förmlichkeit und ein offenes Bekenntnis jener Selbstsucht, welche andre Leute vielleicht ebenso stark besitzen, aber gar sorgsam verbergen, so daß uns das kostbarste Gastmahl eines Engländers kaum halb so gut schmeckt wie die Hand von Datteln des Beduinen in der Wüste.

Aber während John Bull der kälteste Freund ist, ist er der sicherste Nachbar, und der gradsinnigste und generöseste Feind; während er sein eigenes Schloß wie ein Pascha hütet, sucht er nie in ein fremdes einzudringen. Komfort und Unabhängigkeit – unter dem einen versteht er die Befugnis, sich alles zu kaufen, was zu seiner bequemsten Behaglichkeit beitragen kann, unter dem andern Ausdruck versteht er das Gefühl, daß er alles tun kann, was er will, und Alles sagen kann, was er denkt – diese beiden sind ihm die Ursache, und da kümmert er sich wenig um die zufälligen und vielleicht chimärischen Auszeichnungen, die in der übrigen Welt so viel Plag' und Not hervorbringen. Sein Stolz – und er hat Stolz in hinlänglicher Fülle – ist nicht der Stolz des Haman; wenig kümmert es ihn, ob Mardachai, der Jude, lang und breit vor der Türe seines Hauses sitzt, nur dafür sorgt er, daß besagter Mardachai nicht ins Haus hineinkomme, ohne seine spezielle Erlaubnis, die er ihm gewiß nur dann gewährt, wenn es zusammenstimmt mit seinem eigenen Vorteil und Komfort.

Sein Stolz ist ein englisches Gewächs; obschon er ziemlich viel prahlt, so ist seine Prahlerei doch nicht von der Art anderer Völker. Nie sieht man, daß er sich auf Rechnung seiner Vorfahren irgendein Air von Würde beimesse; wenn John Bull seine Taschen voll Guineen hat und ein Mann geworden ist, der warm sitzt, so kümmert es ihn keinen Pfifferling, ob sein Großvater ein Herzog war oder ein

Karrenschieber. »Jedermann ist er selbst, und er ist nicht sein Vater« ist John's Theorie, und nach dieser richtet er seine Handlungen. Er prahlt nur damit, daß er ein Engländer ist, daß er irgendwo zwischen Lowestoft und St. Davids und zwischen Penzance und Berwick das Licht des Tages erblickte und tut sich auf diesen Umstand mehr zugut, als wenn er auf irgendeinem andern Fleck dieses Planeten geboren worden wäre. Denn Alt-England gehört ihm, und er gehört Alt-England. Diesem aber ist nichts gleich auf der ganzen Welt, es kann die ganze Welt ernähren, die ganze Welt unterrichten, und wenn es darauf ankäme, auch die ganze Welt erobern.

Aber das ist nur im allgemeinen gesagt; denn ersucht man John auf das Besondere einzugehen, und rückt ihm etwas näher zuleibe, so findet man, daß in diesem gepriesenen England eigentlich doch nichts vorhanden ist, womit er ganz zufrieden wäre, außer ihm selbst.

Man erwähne gegen ihn den König, denselben König, dessen Thron er mit so großem Stolz auf seinen Schultern trägt – und gleich klagt er über Verschwendung im königlichen Hausstand, Bestechlichkeit und königliche Gunst, wachsenden bedrohlichen Einfluß der Krone, und beteuert, daß, wenn nicht bedeutende, schnelle Eingriffe und Beschränkungen stattfinden, so wird England bald nicht mehr England sein. Erwähnt man gegen ihn die Parlamente – so brummt er und verdammt beide, klagt, daß das Oberhaus durch Hofgunst und das Unterhaus durch Parteiwesen und Bestechungen gefüllt werden, und vielleicht versichert er obendrein, England würde besser daran sein, wenn es gar kein Parlament gäbe. Erwähnt man gegen ihn die Kirche – so bricht er aus in ein Zetergeschrei über Zehnten und über gemästete Pfaffen, die das Wort Gottes zu ihrer Domäne gemacht haben und alle mühsamen Früchte fremder Arbeit in geistlichem Müßiggang verzehren. Erwähnt man die öffentliche Meinung und den großen Vorteil der schnellen Verbreitung aller Art von Mitteilung – so beklagt er ganz sicher, daß der Irrtum auf diesen verbesserten Wegen eben so schnell reist wie die Wahrheit, und daß das Volk alte Dummheiten aufgibt, um sich neue dafür anzuschaffen. Kurz, in England gibt es keine einzige Institution, womit John vollkommen zufrieden wäre. Sogar die Elemente trifft sein Tadel, und von Anfang bis Endes des Jahres murrt er über das Klima eben so stark wie über Dinge, die von

Menschen herrühren. Selbst mit den Gütern, die er selbst erworben, ist er unzufrieden, wenn man ihn näher ausforscht. Obschon er große Reichtümer zusammengescharrt hat, so ist doch sein beständiger Refrain daß er zugrunde geh'; er ist bettelarm, während er zwischen aufgehäuften Schätzen in einem Palaste wohnt; und er stirbt vor Hunger – während er so rund gefüttert ist, daß er mit seinem Schmerbauche Mühe hat, sich von einem Ende des Zimmers nach dem andern hinzuschieben. Nur eins gibt es, was sein vollständiges Lob erhält, selbst wenn man es ganz besonders erwähnt – und das ist die Flotte, die Kriegsschiffe, Alt-Englands hölzerne Wälle; und diese lobt er vielleicht, weil er sie nie sieht.

Indessen, wir wollen diese Tadelsucht nicht tadeln. Sie hat dazu beigetragen, England zu dem zu machen und zu erhalten, was es jetzt ist. Dieser Murrsinn des rauhen, halsstarrigen, aber ehrlichen John Bull's ist vielleicht das Bollwerk britischer Größe im Ausland und britischer Freiheit daheim, und obgleich manche Provinzen Großbritanniens es nicht genug zu schätzen wissen, so verdanken sie doch das reelle Gute, das sie besitzen, weit eher John Bull's beharrlichem Knurren als der nachgiebigen Philosophie des Schotten oder dem stürmischen Feuer des Irländers. Diese beiden Völker, in der jetzigen Klemme, scheinen nicht Kraft und Ausdauer genug zu besitzen, ihre eigenen Rechte zu erhalten und ihr eigenes Heil zu befördern; und wenn irgendein Widerstand gegen Eingriffe in die allgemeine Freiheit zu leisten ist oder eine Maßregel für das allgemeine Beste ergriffen werden soll, so zeigen uns die Tagebücher des Parlaments und die Petitionen, die darin vorgebracht werden, daß in den meisten Fällen mit einem solchen Widerstand und einer solchen Maßregel niemand anders hervortritt als John Bull, der mürrische, selbstsüchtige, brummende, aber doch kühne, männliche, unabhängige, unerweichbare, vordringliche und durchdringende John Bull.

V. The life of Napoleon Buonaparte

By Walter Scott

Armer Walter Scott! Wärest du reich gewesen, du hättest jenes Buch nicht geschrieben und wärest kein armer Walter Scott geworden! Aber die Curatores der Constable'schen Masse kamen zusammen und rechneten und rechneten, und nach langem Subtrahieren und Dividieren schüttelten sie die Köpfe – und dem armen Walter Scott blieb nichts übrig als Lorbeeren und Schulden. Da geschah das Außerordentliche: der Sänger großer Taten wollte sich auch einmal im Heroismus versuchen, er entschloß sich zu einer *cessio bonorum*, der Lorbeer des großen Unbekannten wurde taxiert, um große bekannte Schulden zu decken – und so entstand in hungriger Geschwindigkeit, in bankrotter Begeisterung das Leben Napoleon's ein Buch, das von den Bedürfnissen des neugierigen Publikums im allgemeinen und des englischen Ministeriums insbesonders gut gezahlt werden sollte.

Lobt ihn, den braven Bürger! lobt ihn, ihr sämtlichen Philister des ganzen Erdballs! lob ihn, du liebe Krämertugend, die alles aufopfert, um die Wechsel am Verfalltage einzulösen – nur mir mutet nicht zu, daß auch ich ihn lobe.

Seltsam! der tote Kaiser ist im Grabe noch das Verderben der Briten, und durch ihn hat jetzt Britanniens größter Dichter seinen Lorbeer verloren.

Es war Britanniens größter Dichter, man mag sagen und einwenden, was man will. Zwar die Kritiker seiner Romanze mäkelten an seiner Größe und warfen ihm vor, er dehne sich zu sehr ins Breite, er gehe zu sehr ins Detail, er schaffe seine großen Gestalten nur durch Zusammensetzung einer Menge von kleinen Zügen, er bedürfe unzählig vieler Umständlichkeiten, um die starken Effekte hervorzubringen. – Aber, die Wahrheit zu sagen, er glich hierin einem Millionär, der sein ganzes Vermögen in lauter Scheidemünze liegen hat, und immer drei bis vier Wagen mit Säcken voll Groschen und Pfennigen herbeifahren muß, wenn er eine große Summe zu bezahlen hat, und der dennoch, sobald man sich über solche Unart und das mühsame Schleppen und Zählen beklagen will, ganz richtig entgegnen kann: gleichviel wie, so gäbe er doch immer die verlangte Summe, er gäbe sie doch, und er sei im Grunde eben so zahlfähig und auch wohl eben so reich wie etwa ein anderer, der nur blanke Goldbarren liegen hat, ja er habe sogar den Vorteil des erleichterten Verkehrs, indem jener sich auf dem großen Gemüsemarkte mit seinen großen Goldbarren, die dort keinen Kurs haben, nicht zu helfen weiß, während jedes Kramweib mit beiden Händen zugreift, wenn ihre gute Groschen und Pfennige geboten werden.

Mit diesem populären Reichtume des britischen Dichters hat es jetzt ein Ende, und er, dessen Münze so courant war, daß die Herzogin und die Schneidersfrau sie mit gleichem Interesse annahmen, ist er jetzt ein armer Walter Scott geworden. Sein Schicksal mahnt an die Sage von den Bergelfen, die neckisch wohltätig den armen Leuten Geld schenken, das hübsch blank und gedeihlich bleibt, solange sie es gut anwenden, das sich aber unter ihren Händen in eitel Staub verwandelt, sobald sie es zu nichtswürdigen Zwecken mißbrauchen. Sack nach Sack öffnen wir Walter Scott's neue Zufuhr, und siehe da! statt der blitzenden, lachenden Gröschlein finden wir nichts als Staub und wieder Staub. Ihn bestraften die Bergelfen des Parnassus, die Musen, die, wie alle edelsinnigen Weiber, leidenschaftliche Napoleonistinnen sind, und daher doppelt empört waren über den Mißbrauch der verliehenen Geistesschätze.

Wert und Tendenz des Scott'schen Werks sind in allen Zeitschriften Europa's beleuchtet worden. Nicht bloß die erbitterten Franzosen, sondern auch die gestürzten Landsleute des Verfassers haben das Verdammungsurteil ausgesprochen. In diesen allgemeinen Weltunwillen mußten auch die Deutschen einstimmen; mit schwerverhaltenem Feuereifer sprach das Stuttgarter Literaturblatt, mit kalter Ruhe äußerten sich die Berliner Jahrbücher für wissenschaftliche Kritik, und der Recesent, der jene kalte Ruhe um so wohlfeiler erschwang, je weniger teuer ihm der Held des Buches sein muß, charakterisiert dasselbe mit den trefflichen Worten:

»In dieser Erzählung ist weder Gehalt noch Farbe, weder Anordnung noch Lebendigkeit zu finden. Verworren in oberflächlicher, nicht in tiefer Verwirrung, ohne Hervortreten des Eigentümlichen, unsicher und wandelbar zieht der gewaltige Stoff träge vorüber; kein Vorgang erscheint in seiner bestimmten Eigenheit, nirgends werden die springenden Punkte sichtbar, kein Ereignis wird deutlich, keines tritt in seiner Notwendigkeit hervor, die Verbindung ist nur äußerlich, Gehalt und Bedeutung kaum geahndet. In solcher Darstellung muß alles Licht der Geschichte erlöschen, und sie selbst wird zum nicht wunderbaren, sondern gemeinen Märchen. Die Überlegungen und Betrachtungen, welche sich öfters dem Vortrag einschieben, sind von einer entsprechenden Art. Solch dünnlicher philosophischer Bereitung ist unsere Lesewelt längst entwachsen.

Der dürftige Zuschnitt einer am einzelnen haftenden Moral reicht nirgends aus.– –«

Dergleichen und noch schlimmere Dinge, die der scharfsinnige Berliner Rezensent, Varnhagen von Ense, ausspricht, würde ich dem Walter Scott gern verzeihen. Wir sind alle Menschen, und der Beste von uns kann einmal ein schlechtes Buch schreiben. Man sagt alsdann, es sei unter aller Kritik, und die Sache ist abgemacht. Bewunderlich bleibt es zwar, daß wir in diesem neuen Werke nicht einmal Scott's schönen Stil wiederfinden. In die farblose, wochentägliche Rede werden vergebens hie und da etliche rote, blaue und grüne Worte eingestreut, vergebens sollen glänzende Läppchen aus den Poeten die prosaische Blöße bedecken, vergebens wird die ganze Arche Noah geplündert, um bestialische Vergleichungen zu liefern, vergebens wird sogar das Wort Gottes zitiert, um die dummen Gedanken zu überschilden. Noch verwunderlicher ist es, daß es dem Walter Scott nicht einmal gelang, sein angeborenes Talent der Gestaltenzeichnung auszuüben und den äußeren Napoleon aufzufassen. Walter Scott lernte nichts aus jenen schönen Bildern, die den Kaiser in der Umgebung seiner Generäle und Staatsleute darstellen, während doch jeder, der sie unbefangen betrachtet, tief betroffen wird von der tragischen Ruhe und antiken Gemessenheit jener Gesichtszüge, die gegen die modern aufgeregten, pittoresken Tagesgesichter so schauerlich erhaben kontrastieren, und etwas Herabgestiegen-Göttliches beurkunden. Konnte aber der schottische Dichter nicht die Gestalt, so konnte er noch viel weniger den Charakter des Kaisers begreifen, und gern verzeih' ich ihm auch die Lästerung eines Gottes, den er nicht kennt. Ich muß ihm ebenfalls verzeihen, daß er seinen Wellington für einen Gott hält, und bei der Apotheose desselben so sehr in Andacht gerät, daß er, der doch so stark, in Viehbildern ist, nicht weiß, womit er ihn vergleichen soll. Immerhin, wie die Menschen sind, so sind auch ihre Götter. Stumpfsinnige Neger verehren giftige Schlangen, queräugige Baschkiren verehren häßliche Klötze, platte Lappländer verehren Seehunde – Sir Walter Scott gibt diesen Leuten nichts nach und verehrt seinen Wellington.

Bin ich aber tolerant gegen Walter Scott und verzeihe ich ihm die Gehaltlosigkeit, Irrtümer, Lästerungen und Dummheiten seines Buches, verzeih ich ihm sogar die Langeweile, die es mir verursacht – so darf ich ihm doch nimmermehr die Tendenz desselben verzeihen. Diese ist nichts Geringeres als die Exkulpation des englischen Ministeriums in Betriff des Verbrechens von St. Helena. »In diesem Gerichtshandel zwischen dem englischen Ministerium und der öffentlichen Meinung«, wie der Berliner Rezensent sich ausdrückt, »macht Walter Scott den Sachwalter«, er verbindet Advokatenkniffe mit seinem poetischen Talente, um den Tatbestand und die Geschichte zu verdrehen, und seine Klienten, die zugleich seine Patrone sind, dürften ihm wohl außer seinen Sporteln noch extra ein Douceur in die Hand drücken.

Die Engländer haben den Kaiser bloß ermordet, aber Walter Scott hat ihn verkauft. Es ist ein rechtes Schottenstück, ein echt schottisches Nationalstückchen, und man sieht, daß schottischer Geiz noch immer der alte, schmutzige Geiz ist, und sich nicht sonderlich verändert hat seit den Tagen von Naseby, wo die Schotten ihren eigenen König, der sich ihrem Schutze anvertraut, für die Summe von 400000 Pfund Sterling an seine englischen Henker verkauft haben. Jener König ist derselbe Karl Stuart, den jetzt Caledonia's Barden so herrliche besingen, – der Engländer mordet, aber der Schotte verkauft und besingt.

Das englische Ministerium hat seinem Advokaten zu obigem Behufe das Archiv des *foreign office* geöffnet, und dieser hat im neunten Bande seines Werks die Aktenstücke, die ein günstiges Licht auf seine Partei und einen nachteiligen Schatten auf deren Gegner werden konnten, gewissenhaft benutzt. Deshalb gewinnt dieser neunte Band bei all seiner ästhetischen Wertlosigkeit, worin er den vorgehenden Bänden nichts nachgibt, dennoch ein gewisses Interesse; man erwartet bedeutende Aktenstücke, und da man deren keine findet, so ist das ein Beweis, daß deren keine vorhanden waren, die zu Gunsten der englischen Minister sprechen – und dieser negative Inhalt des Buches ist ein wichtiges Resultat.

Alle Ausbeute, die das englische Archiv liefert, beschränkt sich auf einige glaubwürdige Kommunikationen des edlen Sir Hudson Lowe und Dessen Myrmidonen und einige Aussagen des General Gourgaud, der, wenn solche wirklich von ihm gemacht worden, als ein schamloser Verräter seines kaiserlichen Herrn und Wohltäters ebenfalls Glauben verdient. Ich will das Faktum dieser Aussagen nicht untersuchen, es scheint sogar wahr zu sein, da es der Baron

Stürmer, einer von den drei Statisten der großen Tragödie, konstatiert hat; aber ich sehe nicht ein, was im günstigsten Falle dadurch bewiesen wird, außer daß Sir Hudson Lowe nicht der einzige Lump auf St. Helena war. Mit Hilfsmitteln solcher Art und erbärmlichen Suggestionen behandelt Walter Scott die Gefangenschaftsgeschichte Napoleon's, und bemüht sich, uns zu überzeugen, daß der Exkaiser – so nennt ihn der Exdichter – nichts Klügeres tun konnte, als sich den Engländern zu übergeben, obgleich er seine Abführung nach St. Helena vorauswissen mußte, daß er dort ganz charmant behandelt worden, indem er vollauf zu essen und zu trinken hatte, und daß er endlich frisch und gesund und als ein guter Christ an einem Magenkrebse gestorben.

Walter Scott, indem er solchermaßen den Kaiser voraussehen läßt, wie weit sich die Generosität der Engländer erstreckten würde, nämlich bis St. Helena, befreit ihn von dem gewöhnlichen Vorwurf, die tragische Erhabenheit seines Unglücks habe ihn selbst so gewaltig begeistert, daß er zivilisierte Engländer für persische Barbaren und die Beefsteakküche von St. James für den Herd eines großen Königs ansah – und eine heroische Dummheit beging. Auch macht Walter Scott den Kaiser zu dem größten Dichter, der jemals auf dieser Welt gelebt hat, indem er uns ganz ernsthaft insinniert, daß alle jene denkwürdigen Schriften, die seine Leiden auf St. Helena berichten, sämtlich von ihm selbst diktiert worden.

Ich kann nicht umhin, hier die Bemerkung zu machen, daß dieser Teil des Walter Scott'schen Buches so wie überhaupt die Schriften selbst, wovon er hier spricht, absonderlich die Memoiren von O'Meara, auch die Erzählung des Kapitän Maitland, mich zuweilen an die possenhafteste Geschichte von der Welt erinnert, so daß der schmerzlichste Unmut meiner Seele plötzlich in muntre Lachlust übergehen will. Diese Geschichte ist aber keine andere als »Die Schicksale des Lemuel Gulliver«, ein Buch, worüber ich einst als Knabe, so viel gelacht, und worin gar ergötzlich zu lesen ist, wie die kleinen Lilliputaner nicht wissen, was sie mit dem großen Gefangenen anfangen sollen, wie sie tausendweise an ihm herumklettern und ihn mit unzähligen dünnen Härchen festbinden, wie sie mit großen Anstalten ihm ein eigenes großes Haus errichten, wie sie über die Menge Lebensmittel klagen, die sie ihm täglich verabreichen müssen, daß er dem Lande zu viel koste, wie sie ihn gern umbringen möchten, ihn aber noch im Tode fürchten, da sein Leichnam eine Pest hervorbringen könne, wie sie sich endlich zur glorreichsten Großmut entschließen, und ihm seinen Titel lassen und nur seine Augen ausstechen wollen usw. Wahrlich, überall ist Lilliput, wo ein großer Mensch unter kleine Menschen gerät, die unermüdlich und auf die kleinlichste Weise ihn abquälen, und die wieder durch ihn genug Qual und Not ausstehen; aber hätte der Dechant Swift in unserer Zeit sein Buch geschrieben, so würde man in dessen scharfgeschliffenem Spiegel nur die Gefangenschaftsgeschichte des Kaisers erblicken, und bis auf die Farbe des Rocks und des Gesichts die Zwerge erkennen, die ihn gequält haben.

Nur der Schluß des Märchens von St. Helena ist anders, der Kaiser stirbt an einem Magenkrebs, und Walter Scott versichert uns, das sei die alleinige Ursache seines Todes. Darin will ich ihm auch nicht widersprechen. Die Sache ist nicht unmöglich. Es ist möglich, daß ein Mann, der auf der Folterbank gespannt liegt, plötzlich ganz natürlich an einem Schlagfluß stirbt. Aber die böse Welt wird sagen, die Folterknechte haben ihn hingerichtet. Die böse Welt hat sich nun einmal vorgenommen, die Sache ganz anders zu betrachten, wie der gute Walter Scott. Wenn dieser gute Mann, der sonst so bibelfest ist und gern das Evangelium zitiert, in jenem Aufruhr der Elemente, in jenem Orkane, der beim Tode Napoleon's ausbrach, nichts anders sieht als ein Ereignis, das auch beim Tode Cromwell's stattfand, so hat doch die Welt darüber ihre eigenen Gedanken. Sie betrachtet den Tod Napoleon's als die entsetzlichste Untat, losbrechendes Schmerzgefühl wird Anbetung, vergebens macht Walter Scott den *advocatum diaboli*, die Heiligsprechung des toten Kaisers strömt aus allen edeln Herzen, alle edeln Herzen des europäischen Vaterlandes verachten seine kleinen Henker und den großen Barden, der sich zu ihrem Komplicen gesungen, die Musen werden bessere Sänger zur Feier ihres Lieblings begeistern, und wenn einst Menschen verstummen, so sprechen die Steine, und der Martyrfelsen St. Helena ragt schauerlich aus den Meereswellen, und erzählt den Jahrtausenden seine ungeheure Geschichte.

VI. Old Bailey

Schon der Name Old Bailey erfüllt die Seele mit Grauen. Man denkt sich gleich ein großes schwarzes, mißmutiges Gebäude, einen

Palast des Elends und des Verbrechens. Der linke Flügel, der das eigentliche Newgate bildet, dient als Kriminalgefängnis, und da sieht man nur eine hohe Wand von wetterschwarzen Quadern, worin zwei Nischen mit eben so schwarzen allegorischen Figuren, und, wenn ich nicht irre, stellt eine von ihnen die Gerechtigkeit vor, indem, wie gewöhnlich, die Hand mit der Wage abgebrochen ist, und nichts als ein blindes Weibsbild mit einem Schwerte übrig blieb. Ungefähr gegen die Mitte des Gebäudes ist der Altar dieser Göttin, nämlich das Fenster, wo das Galgengerüst zu stehen kommt, und endlich rechts befindet sich der Kriminalgerichtshof, worin die vierteljährlichen Sessionen gehalten werden. Hier ist ein Tor, das gleich den Pforten des Dante'schen Hölle die Inschrift tragen sollte:

Per me si va nella città deolente,
Per me si va nell' eterno dolore,
Per me si va tra la perduta gente.

Durch dieses Tor gelangt man auf einen kleinen Hof, wo der Abschaum des Pöbels versammelt ist, um die Verbrecher durchpassieren zu sehen; auch stehen hier Freunde und Feinde derselben, Verwandte, Bettelkinder, Blödsinnige, besonders alte Weiber, die den Rechtsfall des Tages abhandeln, und vielleicht mit mehr Einsicht als Richter und Jury, trotz all ihrer kurzweiligen Feierlichkeit und langweiligen Jurisprudenz. Hab' ich doch draußen vor der Gerichtstüre eine alte Frau gesehen, die im Kreises ihrer Gevatterinnen den armen schwarzen William besser verteidigte als drinnen im Saale dessen grundgelehrter Advokat – wie sie die letzte Träne mit der zerlumpten Schürze aus den roten Augen wegwischte, schien auch William's ganze Schuld vertilgt zu sein.

Im Gerichtssaale selbst, der nicht besonders groß, ist unten vor der sogenannten Bar (Schranken) wenig Platz für das Publikum; dafür gibt es aber oben an beiden Seiten sehr geräumige Galerien mit erhöhten Bänken, wo die Zuschauer Kopf über Kopf gestapelt stehen.

Als ich Old Bailey besuchte, fand auch ich Platz auf einer solchen Galerie, die mir von einer alten Pförtnerin gegen Gratifikation eines Shillings erschlossen wurde. Ich kam in dem Augenblick, wo die

Jury sich erhob, um zu urteilen, ob der schwarze William des angeklagten Verbrechens schuldig oder nicht schuldig sei.

Auch hier, wie in den andern Gerichtshöfen London's, sitzen die Richter in blauschwarzer Toga, die hellviolett gefüttert ist, und ihr Haupt bedeckt die weißgepuderte Perücke, womit oft die schwarzen Augenbrauen und schwarzen Backenbärte gar drollig kontrastieren. Sie sitzen an einem langen grünen Tische, auf erhabenen Stühlen, am obersten Ende des Saales, wo an der Wand mit goldenen Buchstaben eine Bibelstelle, die vor ungerechtem Richterspruch warnt, eingegraben steht. An beiden Seiten sind Bänke für die Männer der Jury, und Plätze zum Stehen für Kläger und Zeugen. Den Richtern gerade gegenüber ist der Platz der Angeklagten; diese sitzen nicht auf einem Armesünderbänkchen, wie bei den öffentlichen Gerichten in Frankreich und Rheinland, sondern aufrecht stehen sie hinter einem wunderlichen Brette, das oben wie ein schmalgebogenes Tor ausgeschnitten ist. Es soll dabei ein künstlicher Spiegel angebracht sein, wodurch der Richter imstande ist, jede Miene der Angeklagten deutlich zu beobachten. Auch liegen einige grüne Kräuter von Letzteren, um ihre Nerven zu stärken, und das mag zuweilen nötig sein, wo man angeklagt steht auf Leib und Leben. Auch auf dem Tische der Richter sah ich dergleichen grüne Kräuter und sogar eine Rose liegen. Ich weiß nicht wie es kommt, der Anblick dieser Rose hat mich tief bewegt. Die rote blühende Rose, die Blume der Liebe und des Frühlings, lag auf dem schrecklichen Richtertische von Old Bailey. Es war im Saale so schwül und dumpfig. Es schaute alles so unheimlich mürrisch, so wahnsinnig ernst. Die Menschen sahen aus, als kröchen ihnen graue Spinnen über die blöden Gesichter. Hörbar klirrten die eisernen Wagschalen über dem Haupte des schwarzen William's.

Auch auf der Galerie bildete sich eine Jury. Eine dicke Dame, aus deren rotaufgedunsenem Gesicht die kleinen Äuglein wie Glühwürmchen hervorglimmten, machte die Bemerkung, daß der schwarze William ein sehr hübscher Bursche sei. Indessen ihre Nachbarin, eine zarte, piepsende Seele in einem Körper von schlechtem Postpapier, behauptete, er trüge das schwarze Haar zu lang und zottig, und blitzte mit den Augen wie Herr Kean im Othello – »Dagegen«, fuhr sie fort, »ist doch der Thomson ein ganz anderer Mensch mit hellem Haar und glatt gekämmt nach der Mode, und er ist ein sehr geschickter Mensch, er bläst ein bißchen die Flöte, er malt ein bißchen, er spricht ein bißchen Französisch« – »Und stiehlt ein bißchen«, fügte die dicke Dame hinzu. »Ei was, stehlen!«, versetzte die dünne Nachbarin, »Das ist doch nicht so barbarisch wie Fälschung; denn ein Dieb, es sei denn, er habe ein Schaf gestohlen, wird nach Botany-Bay transportiert, während der Bösewicht, der eine Handschrift verfälscht hat, ohne Gnad' und Barmherzigkeit gehenkt wird.« »Ohne Gnad' und Barmherzigkeit!«, seufzte neben mir ein magerer Mann in einem verwitterten schwarzen Rock; »Hängen! kein Mensch hat das Recht, einen andern umbringen zu lassen, am allerwenigsten sollten Christen ein Todesurteil fällen, da sie doch daran denken sollten, daß der Stifter ihrer Religion, unser Herr und Heiland, unschuldig verurteilt und hingerichtet worden!« »Ei was«, rief wieder die dünne Dame und lächelte mit ihren dünnen Lippen, »wenn so ein Fälscher nicht gehenkt würde, wäre ja kein reicher Mann seines Vermögens sicher, z.B. der dicke Jude in Lombard Street, Saint Swinthin's Lane, oder unser Freund Herr Scott, dessen Handschrift so täuschend nachgemacht worden. Und Herr Scott hat doch sein Vermögen so sauer erworben, und man sagt sogar, er sei dadurch reich geworden, daß er für Geld die Krankheiten Anderer auf sich nahm, ja die Kinder laufen ihm jetzt noch auf der Straße nach, und rufen: Ich gebe dir einen Sixpence, wenn du mir mein Zahnweh abnimmst, wir geben dir einen Shilling, wenn du Gottfriedchens Buckel nehmen willst« – »Kurios!«, fiel ihr die dicke Dame in die Rede, »es ist doch kurios, daß der schwarze William und der Thomson früherhin die besten Spießgesellen gewesen sind und zusammen gewohnt und gegessen und getrunken haben, und jetzt Edward Thomson seinen alten Freund der Fälschung anklagt! Warum ist aber die Schwester von Thomson nicht hier, da sie doch sonst ihrem süßen William überall nachgelaufen?« Ein junges schönes Frauenzimmer, über dessen holdem Gesicht eine dunkle Betrübnis verbreitet lag, wie ein schwarzer Flor über einem blühenden Rosenstrauch, flüsterte jetzt eine ganz lange, verweinte Geschichte, wovon ich nur so viel verstand, daß ihre Freundin, die schöne Mary, von ihrem Bruder gar bitterlich geschlagen worden und todkrank zu Bette liege. »Nennt sie doch nicht die schöne Mary!«, brummte verdrießlich die dicke Dame; »viel zu mager, sie ist viel zu mager, als daß man sie schön nennen könnte, und wenn gar ihr William gehenkt wird –«

In diesem Augenblick erschienen die Männer der Jury und erklärten, daß der Angeklagte der Fälschung schuldig sei. Als man hierauf den schwarzen William aus dem Saale fortführte, warf er einen langen, langen Blick auf Edward Thomson.

Nach einer Sage des Morgenlandes war Satan einst ein Engel und lebte im Himmel mit den andern Engeln, bis er diese zum Abfall verleiten wollte, und deshalb von der Gottheit hinuntergestoßen wurde in die ewige Nacht der Hölle. Während er aber vom Himmel hinabsank, schaute er immer noch in die Höhe, immer nach dem Engel, der ihn angeklagt hatte; je tiefer er sank, desto entsetzlicher und immer entsetzlicher wurde sein Blick – Und es muß ein schlimmer Blick gewesen sein; denn jener Engel, den er traf, wurde bleich, niemals trat wieder Röte in seine Wangen, und er heißt seitdem der Engel des Todes.

Bleich wie der Engel des Todes wurde Edward Thomson.

VII. Körperliche Strafe in England

Ich kann nicht bestimmt genug versichern, wie sehr ich gegen Prügel im allgemeinen eingenommen bin, und wie sehr sich mein Gefühl empört, wenn ich geprügelte Nebenmenschen insbesondere sehe. Der stolze Herr der Erde, der hohe Geist, der das Meer beherrscht und die Gesetze der Sterne erforscht, wird gewiß durch nichts so sehr gedemütigt als durch körperliche Strafe. Die Götter, um den lodernden Hochmut der Menschen herabzudämpfen, erschufen sie die Prügel. Die Menschen aber, deren Erfindungsgeist durch den brütenden Unwillen geschärft wurde, erschufen dagegen das *Point d'honneur*. Franzosen, Japaner, indische Brahminen und das Offizierkorps des Kontinents haben diese Erfindung am schönsten ausgebildet, sie haben die Blutrache der Ehre in Paragraphen gebracht, und die Duelle, obgleich sie von den Staatsgesetzen, von der Religion und selbst von der Vernunft mißbilligt werden, sind dennoch eine Blüte schöne Menschlichkeit.

Bei den Engländern aber, wo sonst alle Erfindungen zur höchsten Vollkommenheit verfeinert werden, hat das *Point d'honneur* noch nicht seine rechte Politur empfangen. Der Engländer hält Prügel noch immer für kein so großes Übel wie den Tod, und während meines Aufenthalts in England habe ich mancher Szene beigewohnt, wo ich auf den Gedanken kommen durfte, als haben Prügel in dem freien England keine so schlimmen Wirkungen auf die persönliche Ehre wie im despotischen Deutschland. Ich habe Lords abprügeln gesehen, und sie schienen nur das Materielle dieser Beleidigung zu fühlen. Bei den Pferderennen zu Epsom und Brighton sah ich Jokeyen, die, um den Wettreitern Bahn zu machen, mit einer langen Peitsche hin und her liefen und Lords und Gentlemen aus dem Weg peitschten. Und was taten die solchermaßen berührten Herren? Sie lachten mit einem saueren Gesichte.

Ist also körperliche Strafe in England nicht so entehrend wie bei uns, so ist doch der Vorwurf ihrer Grausamkeit dadurch noch nicht gemildert. Aber dieser trifft nicht das englische Volk, sondern die Aristokratie, die unter dem Wohl Englands nichts anderes versteht als die Sicherheit ihrer eigenen Herrschaft. Freien Menschen mit freiem Ehrgefühl dürfte diese despotische Rotte nicht trauen; sie bedarf des blinden Gehorsams geprügelter Sklaven. Der englische Soldat muß ganz Maschine sein, ganz Automat, das aufs Kommandowort marschiert und losschießt. Daher bedarf er auch keines Befehlshabers von bedeutender Persönlichkeit. Eines solchen bedurften freie Franzosen, die der Enthusiasmus leitet, und die einst, trunken von der Feuerseele ihres großen Feldherrn, wie im Rausche die Welt eroberten. Englische Soldaten bedürfen keines Feldherrn, nicht einmal eines Feldherrnstab, sondern nur eines Korporalstocks, der die ausgerechneten Ministerialinstruktionen, wie es von einem Stück Holz zu erwarten steht, recht ruhig und genau ausführt. Und, o je! da ich ihn doch einmal rühmen muß, so gestehe ich, ein ganz vorzüglicher Stock solcher Art ist der... Wellington, dieser eckig geschnitzelte Hampelmann, der sich ganz nach dem Schnürchen bewegt, woran die Aristokratie zieht, dieser hölzerne Völkervampyr mit hölzernem Blick (*wooden look*, wie Byron sagt), und ich möchte hinzusetzen: mit hölzernem Herzen. Wahrlich, Alt-England kann ihn zu jenen hölzernen Schutzmauern rechnen, womit es beständig prahlt.

General Foy hat in seiner Geschichte des Krieges auf der pyrenäischen Halbinsel den Kontrast des französischen und englischen Militärs und ihrer Mannszucht sehr treffend geschildert, und diese Schilderung zeigt uns, was Ehrgefühl und was Prügel aus dem Soldaten machen.

Es ist zu hoffen, daß das grausame System, welches die englische Aristokratie befolgt, sich nicht lange mehr erhält, und John Bull seinen regierenden Korporalstock entzweibricht. Denn John ist ein guter Christ, er ist milde und wohlwollend, er seufzt über die Härte seiner Landesgesetze, und in seinem Herzen wohnt die Menschlichkeit. Ich könnte eine hübsche Geschichte davon erzählen.

Ein andermal!

VIII. Das neue Ministerium

In Bedlam habe ich vorigen Sommer einen Philosophen kennen gelernt, der mir mit heimlichen Augen und flüsternder Stimme viele wichtige Aufschlüsse über den Ursprung des Übels gegeben hat. Wie mancher andere seiner Kollegen meinte auch er, daß man hierbei etwas Historisches annehmen müsse. Was mich betrifft, ich neigte mich ebenfalls zu einer solchen Annahme, und erklärte das Grundübel der Welt aus dem Umstand, daß der liebe Gott zu wenig Geld erschaffen habe.

»Du hast gut reden«, antwortete der Philosoph, »der liebe Gott war sehr knapp bei Kassa, als er die Welt erschuf. Er mußte das Geld dazu beim Teufel borgen und ihm die ganze Schöpfung als Hypothek verschreiben. Da ihm nun der liebe Gott von Gott und Rechts wegen die Welt noch schuldig ist, so darf er ihm auch aus Delikatesse nicht verwehren, sich darin herum zu treiben und Verwirrung und Unheil zu stiften. Der Teufel aber ist seinerseits wieder sehr stark dabei interessiert, daß die Welt nicht ganz zugrunde und folglich seine Hypothek verloren gehe; er hütet sich daher es allzu toll zu machen, und der liebe Gott, der auch nicht dumm ist und wohl weiß, daß er im Eigennutz des Teufels seine geheime Garantie hat, geht oft so weit, daß er ihm die ganze Herrschaft der Welt anvertraut, d.h. dem Teufel den Auftrag gibt, ein Ministerium zu bilden. Dann geschieht, was sich von selbst versteht, Samiel erhält das Kommando der höllischen Heerscharen, Beelzebub wird Kanzler, Bizliputzli wird Staatssekretär, die alte Großmutter bekommt die Kolonien usw. Diese Verbündeten wirtschaften dann in ihrer Weise, und indem sie, trotz des bösen Willens ihrer Herzen, aus Eigennutz gezwungen sind, das Heil der Welt zu befördern, entschädigen sie sich für diesen Zwang dadurch, daß sie zu den guten Zwecken immer die niederträchtigsten Mittel anwenden. Sie trieben es

jüngsthin so arg, daß Gott im Himmel solche Greuel nicht länger
ansehen konnte und einem Engel den Auftrag gab, ein neues Ministerium zu bilden. Dieser sammelte nun um sich her alle guten Geister. Freudige Wärme durchdrang wieder die Welt, es wurde Licht,
und die bösen Geister entwichen. Aber sie legten doch nicht ruhig
die Klauen in den Schoß, heimlich wirken sie gegen alles Gute, sie
vergiften die neuen Heilquellen, sie zerknicken hämisch jede Ro-
senknospe des neuen Frühlings, mit ihren Amendements zerstören
sie den Baum des Lebens, chaotisches Verderben droht alles zu
verschlingen, und der liebe Gott wird am Ende wieder dem Teufel
die Herrschaft übergeben müssen, damit sie, sei es auch durch die
schlechtesten Mittel, wenigstens erhalten werde. Siehst du, das ist
die schlimme Nachwirkung einer Schuld.«

Diese Mitteilung meines Freundes in Bedlam erklärte vielleicht
den jetzigen englischen Ministerwechsel. Erliegen müssen die
Freunde Canning's, die ich die guten Geister Englands nenne, weil
ihre Gegner dessen Teufel sind; diese, den dummen Teufel Wellington an ihrer Spitze, erheben jetzt ihr Siegesgeschrei. Schelte mir
keiner den armen George, er mußte den Umständen nachgeben.
Man kann nicht leugnen, daß nach Canning's Tode die Whigs nicht
imstande waren, die Ruhe in England zu erhalten, da die Maßregeln, die sie deshalb zu ergreifen hatten, beständig von den Tories
vereitelt wurden. Der König, dem die Erhaltung der öffentlichen
Ruhe, d.h. die Sicherheit seiner Krone, als das Wichtigste erscheint,
mußte daher den Tories selbst wieder die Verwaltung des Staates
überlassen. – Und, o! sie werden jetzt wieder nach wie vor alle
Früchte des Volksfleißes in ihren eigenen Säckel hineinverwalten,
sie werden als regierende Kornjuden die Preise ihres Getreides in
die Höhe treiben, John Bull wird vor Hunger mager werden, er
wird endlich für einen Bissen Brot sich leibeigen selbst den hohen
Herren verkaufen, sie werden ihn vor den Pflug spannen und peit-
schen, er wird nicht einmal brummen dürfen, denn auf der einen
Seite droht ihm der Herzog von Wellington mit dem Schwerte, und
auf der andern Seite schlägt ihn der Erzbischof von Canterbury mit
der Bibel auf den Kopf – und es wird Ruhe im Lande sein.

Die Quelle jener Übel ist die Schuld, *the national debt*, oder, wie
Cobbett sagt, *the king's debt*. Cobbett bemerkt nämlich mit Recht.
Während man allen Instituten den Namen des Königs voransetzt,

z.B. *the king's army, the king's navy, the king's courts, the king's prisons etc.*, wird doch die Schuld, die eigentlich aus jenen Instituten hervorging, niemals *the king's debt* genannt, und sie ist das einzige, wobei man der Nation die Ehre erzeigt, etwas nach ihr zu benennen.

Der Übel größtes ist die Schuld. Sie bewirkt zwar, daß der englische Staat sich erhält, und daß sogar dessen ärgste Teufel ihn nicht zugrunde richten; aber sie bewirkt auch, daß ganz England eine große Tretmühle geworden, wo das Volk Tag und Nacht arbeiten muß, um seine Gläubiger zu füttern, daß England vor lauter Zahlungssorgen alt und grau und aller heiteren Jugendgefühle entwöhnt, daß England, wie bei starkverschuldeten Menschen zu geschehen pflegt, zur stumpfsten Resignation niedergedrückt ist und sich nicht zu helfen weiß – obgleich 900 000 Flinten und eben so viel' Säbel und Bajonette im Tower zu London aufbewahrt liegen, und die Wächter desselben, die feisten rotröckigen Beefeaters, leicht überwältigt wären.

IX. Die Schuld

Als ich noch sehr jung war, gab es drei Dinge, die mich ganz vorzüglich interessierten, wenn ich Zeitungen las. Zuvörderst, unter dem Artikel »Großbritannien«, suchte ich gleich, ob Richard Martin keine neue Bittschrift für die mildere Behandlung der armen Pferde, Hunde und Esel dem Parlamente übergeben. Dann, unter dem Artikel »Frankfurt«, suchte ich nach, ob der Herr Doktor Schreiber nicht wieder beim Bundestag für die großherzoglich hessischen Domänenkäufer eingekommen. Hierauf aber fiel ich gleich über die Türkei her und durchlas das lange Konstantinopel, um nur zu sehen, ob nicht wieder ein Großvesier mit der seidenen Schnur beehrt worden.

Dieses Letztere gab mir immer den meisten Stoff zum Nachdenken. Daß ein Despot seinen Diener ohne Umstände erdrosseln läßt, fand ich ganz natürlich. Sah ich doch einst in der Menagerie, wie der König der Tiere so sehr in majestätischen Zorn geriet, daß er gewiß manchen unschuldigen Zuschauer zerrissen hätte, wäre er nicht in einer sichern Konstitution, die aus eisernen Stangen verfertigt war, eingesperrt gewesen. Aber was mich wunder nahm, war immer der Umstand, daß nach der Erdrosselung des alten Herrn

Großvesiers sich immer wieder jemand fand, der Lust hatte, Großvesier zu werden.

Jetzt, wo ich etwas älter geworden bin und mich mehr mit den
Engländern, als mit ihren Freunden, den Türken, beschäftigte, er-
greift mich ein analoges Erstaunen, wenn ich sehe, wie nach dem
Abgang eines Premier-Ministers gleich ein anderer sich an dessen
Stelle drängt, und dieser Andere immer ein Mann ist, der auch ohne
dieses Amt zu leben hätte, und auch (Wellington ausgenommen)
nichts weniger als ein Dummkopf ist. Schrecklicher als durch die
seidene Schnur endigen ja alle englischen Minister, die länger als
ein Semester dieses schwere Amt verwaltet. Besonders ist dieses der
Fall seit der französischen Revolution; Sorg und Not haben sich
vermehrt in Downingstreet, und die Last der Geschäfte ist kaum zu
ertragen.

Einst waren die Verhältnisse in der Welt weit einfacher, und die
sinnigen Dichter verglichen den Staat mit einem Schiffe und den
Minister mit dessen Steuermann. Jetzt aber ist alles komplizierter
und verwickelter, das gewöhnliche Staatsschiff ist ein Dampfboot
geworden, und der Minister hat nicht mehr ein einfaches Ruder zu
regieren, sondern als verantwortlicher Engineer steht er unten zwischen dem Ungeheuern Maschinenwerk, untersucht ängstlich jedes
Eisenstiftchen, jedes Rädchen, wodurch etwa eine Stockung entstehen könnte, schaut Tag und Nacht in die lodernde Feueresse und
schwitzt vor Hitze und Sorge – sintemalen durch das geringste
Versehen von seiner Seite der große Kessel zerspringen und bei
dieser Gelegenheit Schiff und Mannschaft zu Grunde gehen könnte.
Der Kapitän und die Passagiere ergehen sich unterdessen ruhig auf
dem Verdecke, ruhig flattert die Flagge auf dem Seitenmast, und
wer das Boot so ruhig dahinschwimmen sieht, ahnet nicht, welche
gefährliche Maschinerie und welche Sorge und Not in seinem Bau-
che verborgen ist.

Frühzeitigen Todes sinken sie dahin, die armen verantwortlichen
Engineers des englischen Staatsschiffes. Rührend ist der frühe Tod
des großen Pitt, rührender der Tod des größeren Fox. Percival wäre
an der gewöhnlichen Ministerkrankheit gestorben, wenn nicht ein
Dolchstoß ihn schneller abgefertigt hätte. Diese Ministerkrankheit
war es ebenfalls, was den Lord Castlereagh so zur Verzweiflung

brachte, daß er sich die Kehle abschnitt zu Nord-Crey in der Grafschaft Kent. Lord Liverpool sank auf gleiche Weise in den Tod des Blödsinns. Canning, den göttergleichen Canning, sahen wir, vergiftet von hochtoryschen Verleumdungen, gleich einem kranken Atlas unter seiner Weltbürde niedersinken. Einer nach dem andern werden sie eingescharrt in Westminster, die armen Minister, die für Englands Könige Tag und Nacht denken müssen, während diese gedankenlos und wohlbeleibt dahinleben bis ins höchste Menschenalter.

Wie heißt aber die große Sorge, die Englands Ministern Tag und Nacht im Gehirne wühlt und sie tötet? Sie heißt: *the debt*, die Schuld.

Schulden, ebenso wie Vaterlandsliebe, Religion, Ehre usw. gehören zwar zu den Vorzügen des Menschen – denn die Tiere haben keine Schulden –, aber sie sind auch eine ganz vorzügliche Qual der Menschheit, und wie sie den einzelnen zu Grunde richten, so bringen sie auch ganze Geschlechter ins Verderben, und sie scheinen das alte Fatum zu ersetzen in den Nationaltragödien unserer Zeit. England kann diesem Fatum nicht entgehen, seine Minister sehen die Schrecknisse herannahen, und sterben mit der Verzweiflung der Ohnmacht.

Wäre ich königlich preußischer Oberlandeskalkulator oder Mitglied des Geniekorps, so würde ich in gewohnter Weise die ganze Summe der englischen Schuld in Silbergroschen berechnen, und genau angeben, wie vielmal man damit die große Friedrichstraße oder gar den ganzen Erdball bedecken könnte. Aber das Rechnen war nie meine Force, und ich möchte lieber einem Engländer das fatale Geschäft überlassen, seine Schulden aufzuzählen und die daraus entstehende Ministernot herauszurechnen. Dazu taugt niemand besser als der alte Cobbett, und aus der letzten Nummer seines Registers liefere ich folgende Erörterungen. »Der Zustand der Dinge ist folgender:

1. Diese Regierung, oder vielmehr diese Aristokratie und Kirche, oder auch, wie ihr wollt, diese Regierung borgt eine große Summe Geldes, wofür sie viele Siege, sowohl Land- als Seesiege, gekauft hat – eine Menge Siege von jeder Sorte und Größe.

2. Indessen muß ich zuvor bemerken, aus welcher Veranlas-
    sung und zu welchem Zwecke man die Siege gekauft hat;
    die Veranlassung (*occasion*) war die französische Revoluti-
    on, die alle *aristokratischen Vorrechte und geistlichen Zehnten*
    niedergerissen hatte, und der Zweck war die Verhütung
    einer Parlamentsreform in England, die wahrscheinlich ein
    ähnliches Niederreißen aller aristokratischen Vorrechte
    und geistlichen Zehnten zur Folge gehabt hätte.

3. Um nun zu verhüten, daß das Beispiel der Franzosen nicht
    von den Engländern nachgeahmt würde, war es nötig, die
    Franzosen anzugreifen, sie in ihren Fortschritten zu hem-
    men, ihre neuerlangte Freiheit zu gefährden, sie zu ver-
    zweifelten Handlungen zu treiben, und endlich die Revolu-
    tion zu einem solchen Schreckbilde, zu einer solchen Völ-
    kerscheuche zu machen, daß man sich unter dem Namen
    der Freiheit nichts als ein Aggregat von Schlechtigkeit,
    Greuel und Blut vorstellen, und das englische Volk in der
    Begeisterung seines Schreckens dahin gebracht würde, sich
    sogar ordentlich zu verlieben in jene greuelhaft despotische
    Regierung, die einst in Frankreich blühte, und die jeder
    Engländer von jeher verabscheute, seit den Tagen Alfred's
    des Großen bis herab auf Georg den Dritten.

4. Um jene Vorsätze auszuführen, bedürfe man der Mithilfe
    verschiedener fremder Nationen: diese Nationen wurden
    daher mit englischem Gelde unterstützt (*subsidized*); fran-
    zösische Emigranten wurden mit englischem Gelde unter-
    halten; kurz, man führte einen zweiundzwanzigjährigen
    Krieg, um jenes Volk niederzudrücken, das sich gegen *aris-
    tokratische Vorrechte und geistliche Zehnten* erhoben hatte.

5. Unsere Regierung also erhielt »*unzählige Siege*« über die
    Franzosen, die, wie es scheint, immer geschlagen worden;
    aber diese unsere unzähligen Siege waren gekauft, d.h., sie
    wurden erfochten von Mietlingen, die wir für Geld dazu
    gedungen hatten, und wir hatten in unserem Solde zu einer
    und derselben Zeit ganze Scharen von Franzosen, Hollän-
    dern, Schweizern, Italiänern, Russen, Österreicher, Baiern,
    Hessen, Hannoveranern, Preußen, Spaniern, Portugiesen,
    Neapolitanern, Maltesern, und Gott weiß! wie viele Natio-
    nen noch außerdem.

6. Durch solches Mieten fremder Dienste und durch Benutzung unserer eigenen Flotte und Landmacht kauften wir so viele Siege über die Franzosen, welche armen Teufel kein Geld hatten, um ebenfalls dergleichen einzuhandeln, so daß wir endlich ihre Revolution überwältigten, die Aristokratie bei ihnen bis zu einer gewissen Stufe wiederherstellten, jedoch um alles in der Welt willen die geistlichen Zehnten nicht ebenfalls restaurieren konnten.

7. Nachdem wir diese große Aufgabe glücklich vollbracht und auch dadurch jede Parlamentsreform in England hintertrieben hatten, erhob unsere Regierung in brüllendes Siegesgeschrei, wobei sie ihre Lunge nicht wenig anstrengte, und auch lautmöglichst unterstützt wurde von jeder Kreatur in diesem Lande, die auf eine oder die andere Art von den öffentlichen Taxen lebte.

8. Beinah ganze zwei Jahre dauerte der überschwengliche Freudenrausch bei dieser damals so glücklichen Nation; zur Feier jener Siege drängten sich Jubelfeste, Volksspiele, Triumphbögen, Lustkämpfe und dergleichen Vergnügungen, die mehr als eine Viertelmillion Pfund Sterling kosteten, und das Haus der Gemeinen bewilligte einstimmig eine ungeheure Summe (ich glaube: drei Millionen Pfund Sterling), um Triumphbögen, Denksäulen und andere Monumente zu errichten und damit *die glorreichen Ereignisse des Krieges* zu verewigen.

9. Beständig seit dieser Zeit hatten wir das Glück, unter der Regierung eben derselben Personen zu leben, die unsere Angelegenheiten in besagtem glorreichen Kriege geführt hatten.

10. Beständig seit dieser Zeit lebten wir in einem tiefen Frieden mit der ganzen Welt; man kann annehmen, daß dieses noch jetzt der Fall ist, ungeachtet unserer kleinen zwischenspieligen Rauferei mit den Türken; und daher sollte man denken, es könnte keine Ursache in der Welt geben, weshalb wir jetzt nicht glücklich sein sollten: wir haben ja Frieden, unser Boden bringt reichlich seine Früchte, und, wie die Weltweisen und Gesetzgeber unserer Zeit eingestehen, wir sind die erleuchtetste Nation auf der ganzen Erde. Wir haben wirklich überall Schulen, um die heranwachsende Ge-

neration zu unterrichten; wir haben nicht allein einen Rektor oder Vikar oder Kuraten in jedem Kirchsprengel des Königreichs, sondern wir haben in jedem dieser Kirchsprengel vielleicht noch sechs Religionslehrer, wovon jeder von einer andern Sorte ist als seine vier Kollegen dergestalt, daß unser Land hinlänglich mit Unterricht jeder Art versorgt ist, kein Mensch dieses glücklichen Landes im Zustande der Unwissenheit leben wird, – und daher unser Erstaunen um so größer sein muß, wie irgend jemand, der ein Premierminister dieses glücklichen Landes werden soll, dieses Amt als eine so schwere und schwierige Last ansieht.

11. Ach, wir haben ein einziges Unglück, und das ist ein wahres Unglück: wir haben nämlich einige Siege gekauft – sie waren herrlich – es war ein gutes Geschäft – sie waren drei- oder viermal so viel wert, als wir dafür gaben, wie Frau Tweazle ihrem Manne zu sagen pflegt, wenn sie vom Markte nach Hause kommt – es war große Nachfrage und viel Begehr nach Siegen – kurz, wir konnten nichts Vernünftiges tun, als uns zu so billigem Preise mit einer so großen Portion Ruhm zu versehen.

12. Aber, ich gestehe es bekümmerten Herzens, wir haben, wie manche andere Leute, das Geld *geborgt*, womit wir diese Siege gekauft, als wir dieser Siege bedurften, deren wir jetzt auf keine Weise wieder los werden können, eben so wenig wie ein Mann seines Weibes los wird, wenn er einmal das Glück gehabt hat, sich die holde Bescherung aufzuladen.

13. Daher geschieht's, daß jeder Minister, der unsere Angelegenheiten übernimmt, auch sorgen muß für die Bezahlung unserer Siege, worauf eigentlich noch kein Pfennig abbezahlt worden.

14. Er braucht zwar nicht dafür zu sorgen, daß das ganze Geld, welches wir borgten, um Siege dafür zu kaufen, ganz auf einmal, Kapital und Zinsen, bezahlt werde; aber für die regelmäßige Auszahlung der Zinsen muß er leider Gottes! ganz bestimmt sorgen; und diese Zinsen zusammengerechnet, mit dem Solde der Armee und anderen Ausgaben, die von unseren Siegen herrühren, sind so bedeutend, daß

ein Mensch ziemlich starke Nerven haben muß, wenn er
das Geschäftchen übernehmen will, für die Bezahlung dieser Summe zu sorgen.

15. Früherhin, ehe wir uns damit abgaben, Siege einzuhandeln
und uns allzureichlich mit Ruhm zu versorgen, trugen wir
schon eine Schuld von wenig mehr als *zweihundert Millionen*, während alle Armengelder in England und Wales zusammen nicht mehr als zwei Millionen jährlich betrugen,
und während wir noch nichts von jener Last hatten, die unter dem Namen *dead weight* uns jetzt aufgebürdet ist und
ganz aus unserm Durst nach Ruhm hervorgegangen.

16. Außer diesem Gelde, das von Kreditoren geborgt worden,
die es freiwillig hergaben, hat unsere Regierung aus Durst
nach Siegen auch indirekt bei den Armen eine große Anlei-
he gemacht, d.h., sie steigerte die gewöhnlichen Taxen bis
auf eine solche Höhe, daß die Armen weit mehr als jemals
niedergedrückt wurden, und daß sich die Anzahl der Armen und Armengelder erstaunlich vergrößerte.

17. Die Armengelder stiegen von *zwei Millionen* jährlich auf
acht Millionen; die Armen haben nun gleichsam ein Pfandrecht, eine Hypothek auf das Land; und hier ergibt sich also wieder eine Schuld von *sechs Millionen*, welche man hin-
zurechnen muß zu jenen anderen Schulden, die unsere Passion für Ruhm und der Einkauf unserer Siege verursacht
hat.

18. *The dead weight* besteht aus Leibrenten, die wir unter dem
Namen Pensionen einer Menge von Männern, Weibern und
Kindern verabreichen, als eine Belohnung für die Dienste,
welche jene Männer beim Erlangen unserer Siege geleistet
haben, oder geleistet haben sollen.

19. Das Kapital der Schuld, welche diese Regierung kontrahiert hat, um sich Siege zu verschaffen, besteht ungefähr in
folgenden Summen:

Pf. Sterling

Hinzugekommene Summe zu der Natio-	800 000 000

nalschuld

| Hinzugekommene Summe zur eigentlichen Armengelder-Schuld | 150 000 000 |
| Dead weight als Kapital einer Schuld berechnet | 175 000 000 |

Pf. St.
1 125 000 000

20. D.h. elfhundert und fünfundzwanzig Millionen zu fünf Prozent ist der Betrag jener jährlichen sechsundfünfzig Millionen; ja, dieses ist ungefähr der jetzige Betrag, nur daß die Armengelder-Schuld nicht in den Rechnungen, die dem Parlamente vorgelegt werden, aufgeführt ist, indem sie das Land gleich direkt in den verschiedenen Kirchspielen bezahlt. Will man daher jene sechs Millionen von den sechsundfünfzig Millionen abziehen, so ergibt sich, daß die Staatsschuldgläubiger und das dead weight-Volk wirklich alles Übrige verschlingen.

21. Indessen, die Armengelder sind eben so eine Schuld wie die Schuld der Staatschuldgläubiger, und augenscheinlich aus derselben Quelle entsprungen. Von der schrecklichen Last der Taxen werden die Armen zu Boden gedrückt; jeder andere wird zwar auch davon gedrückt, aber jeder außer den Armen wußte diese Last mehr oder weniger von seinen Schultern abzuwälzen, und sie fiel endlich mit fürchterlichem Gewichte ganz auf die Armen, und diese verloren ihre Bierfässer, ihre kupfernen Kessel, ihre zinnernen Teller, ihre Wanduhr, ihre Betten und alles bis auf ihre Handwerksgeräte, sie verloren ihre Kleider und mußten sich in Lumpen hüllen, sie verloren das Fleisch von ihren Knochen – Sie konnten nicht weiter aufs Äußerste getrieben werden, und von dem, was man ihnen genommen, gab man ihnen wieder etwas zurück unter dem Namen von

vermehrten Armengeldern. Diese sind daher eine wahre
Schuld, ein wahres Pfandrecht auf das Land. Die Interessen
dieser Schuld können zwar zurückgehalten werden, aber
wenn dieses geschieht, würden die Personen, die solche zu
fordern haben, in Masse herbeikommen und sich für den
Betrag, gleichviel in welcher Währung, bezahlt machen.
Dieses ist also eine wahre Schuld, und eine Schuld, die man
bei Heller und Pfennig bezahlen wird, und zwar, ich be-
merke es ausdrücklich, wird man ihr ein Vorrecht, vor allen
anderen Schulden gestatten.

22. Es ist also nicht nötig, sich sehr zu wundern, wenn man die
Not derjenigen sieht, die solche Geschäfte übernehmen! Es
ist zu verwundern, daß sich überhaupt jemand zu einer
solchen Übernahme versteht, wenn ihm nicht anheimge-
stellt wird, nach Gutdünken eine radikale Umwandlung
des ganzen Systems vorzunehmen.

23. Dazu kommt: Die zwei erstgenannten Schulden, nämlich
die Staatsschuld und die dead weight-Schulden, bezahlte
man früherhin, oder, besser gesagt, die Interessen derselben bezahlte man früherhin in einem herabgesetzten Pa-
piergelde, von welcher Währung fünfzehn Schillinge kaum
so viel wert waren, wie ein Winchestener Scheffel Weizen.
Dieses war die Art, wie man jene Kreditoren während sehr
vielen Jahren bezahlt hat; aber im Jahre 1819 machte ein
tiefsinniger Minister, Herr Peel, die große Entdeckung, daß
es für die Nation besser sei, wenn sie ihre Schulden in
wirklichem Gelde ausbezahlte, in wirklichem Gelde, wovon fünf Schilling, statt fünfzehn Schilling Papiergeld, so
viel wert sind wie ein Winchestener Scheffel Weizen!

24. Die Nominalsumme wurde nie verändert! Diese blieb immer dieselbe, nichts geschah, als daß Herr Peel und das
Parlament den Wert der Summe veränderten, und sie ver-
langten, daß die Schuld in einer Geldsorte bezahlt würde,
wonach fünf Schillinge so viel wert sind und nur durch
ebensoviel Arbeit oder ebensoviel' Realien erlangt werden
können, wie fünfzehn Schillinge jener Währung, worin die
Schulden kontrahiert sind, und worin die Interessen jener
Schulden während sehr vielen Jahren bezahlt worden.

25. Von 1819 bis heutigen Tag lebte daher die Nation in dem
trostlosesten Zustand, sie wird aufgegessen von ihre Kreditoren, die gewöhnlich Juden sind, oder, besser gesagt,
Christen, die wie Juden handeln, und die man nicht so
leicht dahin bringen könnte, weniger hastig auf ihren Raub
loszufahren.

26. Mancher Versuch wurde gemacht, um die Folgen der Veränderung, welche 1819 in der Währung des Geldes stattfand, einigermaßen zu mildern; aber diese Versuche miß-
glückten und hätten einst bald das ganze System in die
Luft gesprengt.

27. Hier gibt's keine Möglichkeit der Aushilfe, wenn man die
jährliche Ausgabe der Staatsgläubiger-Schuld und der dead
weight-Schuld herabzusetzen sucht; um solches Herabset-
zen der Schuld, solche Reduktion dem Lande anzumuten,
um zu verhindern, daß sie große Umwälzungen hervor-
bringe, um zu verhindern, daß nicht eine halbe Million
Menschen in und um London dadurch vor Hunger sterben
müssen: da ist nötig, daß man zuvor weit verhältnismäßi-
gere Reduktionen anderswo vornehme, ehe man die Reduktion jener obigen zwei Schulden oder ihrer Interessen
versuchen wollte.

28. Wie wir bereits gesehen haben, die Siege wurden gekauft
in der Absicht, um Parlamentsreform in England zu verhindern und die aristokratischen Vorrechte und geistlichen
Zehnten aufrecht zu erhalten; es wäre daher eine himmel-
schreiende Greueltat, entzögen wir ihr rechtmäßigen Zinsen jenen Leuten, die uns das Geld geborgt, oder entzögen
wir gar ihre Bezahlung denjenigen Leuten, die uns die
Hände vermietet, wodurch wir die Siege erlangt haben; es
wäre eine Greueltat, die Gottes Rache auf uns laden würde,
wenn wir dergleichen täten, während die einträglichen Eh-
renämter der Aristokratie, ihre Pensionen, Sinekuren, königlichen Schenkungen, Militärbelohnungen und endlich
gar die Zehnten des Klerus unangetastet blieben!

29. *Hier, hier* also liegt die Schwierigkeit: Wer Minister wird,
wird Minister eines Landes, das eine große Passion für Siege gehabt, auch sich hinlänglich damit versehen und sich
unerhört viel militärischen Ruhm verschafft – aber leider

diese Herrlichkeiten noch nicht bezahlt hat, und nun dem Minister überläßt, die Rechnung zu berichtigen, ohne daß dieser weiß, woher er das Geld nehmen soll.«

Das sind Dinge, die einen Minister ins Grab drücken, wenigstens des Verstandes berauben können. England ist mehr schuldig, als es bezahlen kann. Man rühme nur nicht, daß es Indien und reiche Kolonien besitzt. Wie sich aus den letzten Parlamentsdebatten ergibt, zieht der englische Staat keinen Heller eigentümlicher Einkünfte aus seinem großen, unermeßlichen Indien, ja er muß dorthin noch einige Millionen Zuschuß bezahlen. Dieses Land nutzt England bloß dadurch, daß einzelne Briten, die sich dort bereichern, durch ihre Schätze die Industrie und den Geldumlauf des Mutterlandes befördern und tausend andere durch die indische Kompagnie Brot und Versorgung gewinnen. Die Kolonien ebenfalls liefern dem Staate keine Einkünfte, bedürfen des Zuschusses, und dienen zur Beförderung des Handels und zur Bereicherung der Aristokratie, deren Nepoten als Gouverneure und Unterbeamte dahin geschickt werden. Die Bezahlung der Nationalschuld fällt daher ganz allein auf Großbritannien und Irland. Aber auch hier sind die Ressourcen nicht so beträchtlich wie die Schuld selbst. Wir wollen ebenfalls hier Cobbett sprechen lassen: »Es gibt Leute, die, um eine Art Aushilfe anzugeben, von den *Ressourcen des Landes* sprechen. Dies sind die Schüler des seligen Colquhoun, eines Diebesfängers, der ein großes Buch geschrieben, um zu beweisen, daß unsere Schuld uns nicht im mindesten besorgt machen darf, indem sie so *klein* sei im Verhältnis zu den Ressourcen der Nation; und damit seine klugen Leser eine bestimmte Idee von der Unermeßlichkeit dieser Ressourcen bekommen mögen, machte er eine Abschätzung von allem, was im Lande vorhanden ist, bis herab auf die *Kaninchen* , und schien sogar zu bedauern, daß er nicht füglich die Ratten und Mäuse mitrechnen konnte. Den Wert der Pferde, Kühe, Schafe, Ferkelchen, Federvieh, Wildpret, Kaninchen, Fische, den Wert der Hausgeräte, Kleider, Feuerung, Zucker, Gewürze, kurz von allem im Lande macht er ein *Ästimatum* ; und dann, nachdem er das Ganze assummiert und den Wert der Ländereien, Bäume, Häuser, Minen, den Ertrag des Grases, des Korns, die Rüben und das Flachs hinzugerechnet und eine Summe von Gott weiß wie vielen tausend

Millionen herausgebracht hat, grinst er in pfiffig prahlerisch schottischer Manier, ungefähr wie ein Truthahn, und hohnlachend fragt er Leute meinesgleichen: Mit Ressourcen, wie diese, fürchtet ihr da noch einen *Nationalbankrott?*

»Dieser Mann bedachte nicht, daß man Häuser nötig hat, um darin zu leben, die Ländereien, damit sie Futter liefern, die Kleider, damit man seine Blöße bedecke, die Kühe, damit sie Milch geben, den Durst zu löschen, das Hornvieh, Schafe, Schweine, Geflügel und Kaninchen, damit man sie esse, ja, der Teufel hole diesen widersinnigen Schotten! diese Dinge sind nicht dafür da, daß sie *verkauft* und die Nationalschulden damit bezahlt werden. Wahrhaftig, er hat noch den Taglohn der Arbeitsleute zu den Ressourcen der Nation gerechnet! Dieser dumme Teufel von Diebesfänger, den seine Brüder in Schottland zum Doktor geschlagen, weil er ein so vorzügliches Buch geschrieben, er scheint ganz vergessen zu haben, daß Arbeitsleute ihren Taglohn selbst bedürfen, um sich dafür etwas *Essen und Trinken* zu schaffen. Er konnte ebensogut den Wert des Blutes in unseren Adern abschätzen, als ein Stoff, wovon man allenfalls Blutwürste machen könnte!«

So weit Cobbett. Während ich seine Worte in deutscher Sprache niederschreibe, bricht er leibhaftig selbst wieder hervor in meinem Gedächtnisse, und wie vorig Jahr bei dem lärmigen Mittagessen in Crown-and-Anchor-Tavern, sehe ich ihn wieder mit seinem scheltend roten Gesichte und seinem radikalen Lächeln, worin der giftigste Todeshaß gar schauerlich zusammenschmilzt mit der höhnischen Freude, die den Untergang der Feinde ganz sicher voraussieht.

Tadle mich niemand, daß ich Cobbett zitiere! Mag man ihn immerhin der Unredlichkeit, der Scheltsucht und eines allzu ordinären Wesens beschuldigen; aber man kann nicht leugnen, daß er viel beredtsamen Geist besitzt, und daß er sehr oft, und in obiger Darstellung ganz und gar, recht hat. Er ist ein Kettenhund, der jeden, den er nicht kennt, gleich wütend anfällt, oft den besten Freund des Hauses in die Waden beißt, immer bellt, und eben wegen jenes unaufhörlichen Bellens nicht gehört wird, wenn er einmal einem wirklichen Diebe entgegenbellt. Deshalb halten es jene vornehmen Diebe, die England plündern, nicht einmal für nötig, dem knurrenden

Cobbett einen Brocken zuzuwerfen und ihm damit das Maul zu stopfen. Dieses wurmt den Hund am bittersten, und er fletscht die hungrigen Zähne.

Alter Cobbett! Hund von England! ich liebe dich nicht, denn fatal ist mir jede gemeine Natur; aber du dauerst mich bis in tiefster Seele, wenn ich sehe, wie du dich von deiner Kette nicht losreißen und jene Diebe nicht erreichen kannst, die lachend vor deinen Augen ihre Beute fortschleppen und deine vergeblichen Sprünge und dein ohnmächtiges Geheul verspotten.

X Die Oppositionsparteien

Einer meiner Freunde hat die Opposition im Parlamente sehr treffend mit einer Oppositionskutsche verglichen. Bekanntlich ist das eine öffentliche Stage-Kutsche, die irgendeine spekulierende Gesellschaft auf ihre Kosten instituiert und zwar zu so spottwohlfeilen Preisen fahren läßt, daß die Reisenden ihr gern den Vorzug geben vor den schon vorhandenen Stage-Kutschen. Diese letztern müssen dann ebenfalls ihre Preise heruntersetzen, um Passagiere zu behalten, werden aber bald von der neuen Oppositionskutsche überboten oder vielmehr unterboten, ruinieren sich durch solche Konkurrenz und müssen am Ende ihr Fahren ganz einstellen. Hat aber die Oppositionskutsche auf solche Art das Feld gewonnen, und ist sie jetzt auf einer bestimmten Tour die einzige, so erhöht sie ihre Preise, oft sogar den Preis der verdrängten Kutsche übersteigend, und der arme Reisende hat nichts gewonnen, hat oft sogar verloren, und zahlt und flucht, bis eine neue Oppositionskutsche wieder das vorige Spiel erneut, und neue Hoffnungen und neue Täuschungen entstehen.

Wie übermütig wurden die Whigs, als die Stuart'sche Partei erlag und die protestantische Dynastie den englischen Thron bestieg! Die Tories bildeten damals die Opposition, und John Bull, der arme Staatspassagier, hatte Ursache, vor Freude zu brüllen, als sie die Oberhand gewannen. Aber seine Freude war von kurzer Dauer, er mußte jährlich mehr und mehr Fuhrlohn ausgeben, es wurde viel bezahlt und schlecht gefahren, die Kutscher wurden obendrein sehr grob, es gab nichts als Rütteln und Stöße, jeder Eckstein drohte Umsturz – und der arme John dankte Gott, seinem Schöpfer, als unlängst die Zügel des Staatswagens in bessere Hände kamen.

Leider dauerte die Freude wieder nicht lange, der neue Oppositionskutscher fiel tot vom Bock herab, der andere stieg ängstlich herunter, als die Pferde scheu wurden, und die alten Wagenlenker, die alten Reiter mit goldenen Sporen, haben wieder ihre alten Plätze eingenommen, und die alte Peitsche knallt.

Ich will das Bild nicht weiter zu Tode hetzen und kehre zurück zu den Worten Whigs und Tories, die ich oben zur Bezeichnung der Oppositionsparteien gebraucht habe, und einige Erörterung dieser

Namen ist vielleicht um so fruchtbarer, je mehr sie seit langer Zeit dazu gedient haben, die Begriffe zu verwirren.

Wie im Mittelalter die Namen Ghibellinen und Guelfen, durch Umwandlungen der Interessen und neue Ereignisse die vagsten und veränderlichsten Bedeutungen erhielten, so auch späterhin in England die Namen Whigs und Tories, deren Entstehungsart man kaum noch anzugeben weiß. Einige behaupten, es seien früherhin Spottnamen gewesen, die am Ende zu honetten Parteinamen wurden, was oft geschieht, wie z.B. der Geusenbund sich selbst nach dem Spottnamen *les gueux* taufte, wie auch späterhin die Jakobiner sich selbst manchmal Sanskulotten benannten, und wie die heutigen Servilen und Obskuranten sich vielleicht einst selbst diese Namen als ruhmvolle Ehrennamen beilegen – was sie freilich jetzt noch nicht können. Das Wort »Whig« soll in Irland etwas unangenehm Sauertöpfisches bedeutet haben und dort zuerst zur Verhöhnung der Presbyterianer oder überhaupt der neuen Sekten gebraucht worden sein. Das Wort »Tory«, welches zu derselben Zeit als Parteibenennung aufkam, bedeutete in Irland eine Art schäbiger Diebe. Beide Spottnamen kamen in Umlauf zur Zeit der Stuarts während der Streitigkeiten zwischen den Sekten und der herrschenden Kirche.

Die allgemeine Ansicht ist, die Partei der Tories neige sich ganz nach der Seite des Thrones und kämpfe für die Vorrechte der Krone; wohingegen die Partei der Whigs mehr nach der Seite des Volks hinneige und dessen Rechte beschütze. Indessen, diese Annahmen sind vage und gelten zumeist nur in Büchern. Jene Benennungen könnte man vielmehr als Koterienamen ansehen. Sie bezeichneten Menschen, die bei gewissen Streitfragen zusammenhalten, deren Vorfahren und Freunde schon bei solchen Anlässen zusammenhielten, und die in politischen Stürmen Freude und Ungemach und die Feindschaft der Gegenpartei gemeinschaftlich zu tragen pflegten. Von Prinzipien ist gar nicht die Rede, man ist nicht einig über gewisse Ideen, sondern über gewisse Maßregeln in der Staatsverwaltung, über Abschaffung oder Beibehaltung gewisser Mißbräuche, über gewisse Bills, gewisse erbliche Questions – gleichviel aus welchem Gesichtspunkte, meistens aus Gewohnheit. – Die Engländer lassen sich nicht durch die Parteinamen irre machen. Wenn sie von Whigs sprechen, so haben sie nicht dabei einen bestimmten Begriff, wie wir z. B. wenn wir von Liberalen sprechen, wo wir uns gleich Menschen vorstellen, die über gewisse Freiheitsrechte herzinnig einverstanden sind – sondern sie denken sich eine äußere Verbindung von Leuten, deren jeder, nach seiner Denkweise beurteilt, gleichsam eine Partei für sich bilden würde, und die nur, wie schon oben erwähnt ist, durch äußere Anlässe, durch zufällige Interessen, durch Freundschafts- und Feindschaftsverhältnisse gegen die Tories ankämpfen. Hierbei dürfen wir uns ebenfalls keinen Kampf gegen Aristokraten in unserem Sinne denken, da diese Tories in ihren Gefühlen nicht aristokratischer sind als die Whigs, und oft sogar nicht aristokratischer als der Bürgerstand selbst, der die Aristokratie für eben so unwandelbar hält wie Sonne, Mond und Sterne, der die Vorrechte des Adels und des Klerus nicht bloß als staatsnützlich, sondern als eine Naturnotwendigkeit ansieht und vielleicht selbst für diese Vorrechte mit weit mehr Eifer kämpfen würde als die Aristokraten selbst, eben weil er fester daran glaubt als diese, die zumeisten den Glauben an sich selbst verloren. In dieser Hinsicht liegt über dem Geist der Engländer noch immer die Nacht des Mittelalters; die heilige Idee von der bürgerlichen Gleichheit aller Menschen hat sie noch nicht erleuchtet, und manchen bürgerlichen Staatsmann in England, der torysch gesinnt ist, dürfen wir deshalb beileibe nicht servil nennen und zu jenen wohlbekannten servilen Hunden zählen, die frei sein könnten, und dennoch in ihr altes Hundeloch zurückgekrochen sind und jetzt die Sonne der Freiheit anbellen.

Um die englische Opposition zu begreifen, sind daher die Namen Whigs und Tories völlig nutzlos, mit Recht hat Francis Burdett beim Anfange der Sitzungen voriges Jahr bestimmt ausgesprochen, daß diese Namen jetzt alle Bedeutung verloren; und Thomas Lethbridge, den der Schöpfer der Welt und des Verstandes nicht mit allzuviel Witz ausgerüstet, hat damals dennoch einen sehr guten Witz, vielleicht den einzigen seines Lebens, über die Äußerung Burdett's gerissen, nämlich: *He has untoried the tories and unwhigged the wighs.*

Bedeutungsvoller sind die Namen *reformers* oder *radical reformers*, oder kurzweg *radicals*. Sie werden gewöhnlich für gleichbedeutend gehalten, sie zielen auf dasselbe Gebrechen des Staates, auf dieselbe heilsame Abhilfe, und unterscheiden sich nur durch mehr oder minder starke Färbung. Jenes Gebrechen ist die bekannte schlechte Art der Volksrepräsentation, wo sogenannte *rotten boroughs* verschollene, unbewohnte Ortschaften, oder, besser gesagt, die Oligarchen, denen sie gehören, das Recht haben, Volksrepräsentanten ins Parlament zu schicken, während große bevölkerte Städte, namentlich viele neue Fabrikstädte, keinen einzigen Repräsentanten zu wählen haben; die heilsame Abhilfe dieses Gebrechens ist die sogenannte Parlamentsreform. Nun freilich, diese betrachtet man nicht als Zweck, sondern als Mittel. Man hofft, daß das Volk dadurch auch eine bessere Vertretung seiner Interessen, Abschaffung aristokratischer Mißbräuche und Hilfe in seiner Not gewinnen würde. Es läßt sich denken, daß die Parlamentsreform, diese gerechte, billige Anforderung, auch unter den gemäßigten Menschen, die nichts weniger als Jakobiner sind, ihre Verfechter findet, und wenn man solche Leute *reformers* nennt, betont man dieses Wort ganz anders, und himmelweit ist es alsdann unterschieden von dem Worte *radical*, auf das ein ganz anderer Ton gelegt wird, wenn man z.B. von Hund oder Cobbett, kurz von jenen heftigen, fletschenden Revolutionären spricht, die nach Parlamentsreform schreien, um den Umsturz aller Formen, den Sieg der Habsucht und völlige Pöbelherrschaft herbeizuführen. Die Nuancen in den Gesinnungen der Koryphäen dieser Partei sind daher unzählig. Aber, wie gesagt, die Engländer kennen sehr gut ihre Leute, der Namen täuscht nicht das Publikum, und dieses unterscheidet sehr genau, wo der Kampf nur Schein und wo er Ernst ist. Oft lange Jahre hindurch ist der Kampf im Parlamente nicht viel mehr als ein müßiges Spiel, ein Turnier, wo man für die Farbe kämpft, die man sich aus Grille gewählt hat; gibt es aber einmal einen ernsten Krieg, so eilt jeder gleich unter die Fahne seiner natürlichen Partei. Dieses sahen wir in der Canning'schen Zeit. Die heftigsten Gegner vereinigten sich, als es Kampf der positivsten Interessen galt; Tories, Whigs und Radikale scharten sich, wie eine Phalanx, um den kühnen bürgerlichen Minister, der den Übermut der Oligarchen zu dämpfen versuchte. Aber ich glaube dennoch, mancher hochgeborne Whig, der stolz hinter Canning saß, würde gleich zu der alten Foxhunter-Sippschaft übergetreten sein, wenn plötzlich die Abschaffung aller Adelsrecht zur Sprache gekommen wäre. Ich glaube (Gott verzeih' mir die Sünde), Francis Burdett selbst, der in seiner Jugend zu den heftigsten Radikalen gehörte und noch jetzt nicht zu den milderen Reformers gerechnet wird, würde sich bei einem solchen Anlasse sehr schnell neben Sir Thomas Lethbridge gesetzt haben. Dieses fühlen die plebejischen Radikalen sehr gut, und deshalb hassen sie die sogenannten Whigs, die für Parlamentsreform sprechen, sie hassen sie fast noch mehr wie die eigentlich hochfeindlichen Tories.

In diesem Augenblick besteht die englische Opposition im Unterhause, *the leader of the opposition*, gehört unstreitig zu jenen Letztern. Ich spreche hier von Brougham.

Die Reden dieses mutigen Parlamentshelden lesen wir täglich in den Zeitblättern, und seine Gesinnungen dürfen wir daher als allgemein bekannt voraussetzen. Weniger bekannt sind die persönlichen Eigentümlichkeiten, die sich in diesen Reden kundgeben; und doch muß man erstere kennen, um letztere vollgeltend zu begreifen. Das Bild, das ein geistreicher Engländer von Brougham's Erscheinung im Parlamente entwirft, mag daher hier seine Stelle finden:

»Auf der ersten Bank zur linken Seite des Sprechers sitzt eine Gestalt, die so lange bei der Studierlampe gehockt zu haben scheint, bis nicht bloß die Blüte des Lebens, sondern die Lebenskraft selbst zu erlöschen begonnen; und doch ist es diese scheinbar hilflose Gestalt, die alle Augen des ganzen Hauses auf sich zieht, und die, sowie sie sich in ihrer mechanischen, automatischen Weise zum Aufstehen bemüht, alle Schnellschreiber hinter uns in fluchende Bewegung setzt, während alle Lücken auf der Galerie, als sei sie ein massives Steingewölbe, ausgefüllt werden und durch die beiden Seitentüren noch das Gewicht der draußenstehenden Menschenmenge hereindrängt. Unten im Hause scheint sich ein gleiches Interesse kundzugeben; denn so wie jene Gestalt sich langsam in einer vertikalen Krümmung, oder vielmehr in einem vertikalen Zickzack steif zusammengefügter Linien, auseinander wickelt, sind die paar sonstigen Zeloten auf beiden Seiten, die sich schreiend entgegendämmen wollten, schnell wieder auf ihre Sitze zurückgesunken, als hätten sie eine verborgene Windbüchse unter der Robe des Sprechers bemerkt.

Nach diesem vorbereitenden Geräusch und während der atemlosen Stille, die darauf folgte, hat sich Henry Brougham langsam und bedächtigen Schrittes dem Tische genähert, und bleibt dort zusammengebückt stehen – die Schultern in die Höhe gezogen, der Kopf vorwärts gebeugt, seine Oberlippe und Nasenflügel in zitternder Bewegung, als fürchte er ein Wort zu sprechen. Sein Aussehen, sein Wesen gleicht fast einem jener Prediger, die auf freiem Felde predigen – nicht einem modernen Manne dieser Art, der die müßige Sonntagsmenge nach sich zieht, sondern einem solchen Prediger aus alten Zeiten, der die Reinheit des Glaubens zu erhalten und in der Wildnis zu verbreiten suchte, wenn sie aus der Stadt und selbst aus der Kirche verbannt war. Die Töne seiner Stimme sind voll und melodisch, doch sie erheben sich langsam, bedächtig und, wie man zu glauben versucht ist, auch sehr mühsam, so daß man nicht weiß, ob die geistige Macht des Mannes unfähig ist, den Gegenstand zu beherrschen, oder ob seine physische Kraft unfähig ist, ihn auszusprechen. Sein erster Satz, oder vielmehr die ersten Glieder seines Satzes – denn man findet bald, daß bei ihm jeder Satz in Form und Gehalt weiter reicht, als die ganze Rede mancher anderen Leute – kommen sehr kalt und unsicher hervor, und überhaupt so entfernt von der eigentlichen Streitfrage, daß man nicht begreifen kann, wie er sie darauf einbiegen wird. Jeder dieser Sätze freilich ist tief, klar, an und für sich selbst befriedigend, sichtbar mit künstlicher Wahl aus den gewähltesten Materialien deduziert und mögen sie kommen, aus welchem Fache des Wissens es immerhin sein mag, so erhalten sie doch dessen reinste Essenz. Man fühlt, daß sie alle nach einer bestimmten Richtung hingebogen werden, und zwar hingebogen mit einer starken Kraft; aber diese Kraft ist noch immer unsichtbar wie der Wind, und, wie von diesem, weiß man nicht, woher sie kommt und wohin sie geht.

Wenn aber eine hinreichende Anzahl von diesen Anfangssätzen vorausgeschickt ist, wenn jeder Hilfssatz, den menschliche Wissenschaft zur Feststellung einer Schlußfolge bieten kann, in Dienst genommen worden, wenn jeder Einspruch durch einen einzigen Stoß erfolgreich vorgeschoben ist, wenn das ganze Heer politischer und moralischer Wahrheiten in Schlachtordnung steht – dann bewegt es sich vorwärts zur Entscheidung, fest zusammengeschlossen wie eine mazedonische Phalanx, und unwiderstehlich wie Hochländer, die mit gefälltem Bajonette eindringen.

Ist ein Hauptsatz gewonnen mit dieser scheinbaren Schwäche und Unsicherheit, wohinter sich aber eine wirkliche Kraft und Festigkeit verborgen hielt, dann erhebt sich der Redner sowohl körperlich als geistig, und mit kühnerem und kürzerem Angriff erficht er einen zweiten Hauptsatz. Nach dem zweiten erkämpft er einen dritten, nach dem dritten einen vierten, und so weiter, bis alle Prinzipien und die ganze Philosophie der Streitfrage gleichsam erobert sind, bis jeder im Hause, der Ohren zum Hören und ein Herz zum Fühlen hat, von den Wahrheiten, die er eben vernommen, so unwiderstehlich wie von seiner eigenen Existenz überzeugt ist, so daß Brougham, wollte er hier stehen bleiben, schon unbedingt als der größte Logiker der St. Stephanskapelle gelten könnte. Die geistigen Hilfsquellen des Mannes sind wirklich bewunderungswürdig, und er erinnert fast an das altnordische Märchen, wo einer immer die ersten Meister in jedem Fache des Wissen getötet hat, und dadurch der Alleinerbe ihrer sämtlichen Geistesfähigkeiten geworden ist. Der Gegenstand mag sein wie er will, erhaben oder gemeinplätzig, abstruse oder praktisch, so kennt ihn dennoch Heinrich Brougham, und er kennt ihn ganz aus dem Grunde. Andere mögen mit ihm wetteifern, ja einer oder der andere mag ihn sogar übertreffen in der Kenntnis äußerer Schönheiten der alten Literatur, aber niemand ist tiefer als er durchdrungen von der herrlichen und glühenden Philosophie, die gewiß als ein kostbarer Edelstein hervorglänzt aus jenen Schmuckkästchen, die uns das Altertum hinterlassen hat. Brougham gebraucht nicht die klare, fehlerfreie und dabei etwas hofmäßige Sprache des Cicero; ebensowenig sind seine Reden in der Form denen des Demosthenes ähnlich, obgleich sie etwas von dessen Farbe an sich tragen; aber ihm fehlen weder die streng-logischen Schlüsse des römischen Redners noch die schrecklichen Zornworte des Griechen. Dazu kommt noch, daß keiner besser als er es versteht, das Wissen des Tages in seinen Parlamentsreden zu benutzen, so daß diese zuweilen, abgesehen, von ihrer politischen Tendenz und Bedeutung, schon als bloße Vorlesungen über Philosophie, Literatur und Künste, unsre Bewunderung verdienen würden.

Es ist indessen gänzlich unmöglich, den Charakter des Mannes zu analysieren, während man ihn sprechen hört. Wenn er, wie schon oben erwähnt worden, das Gebäude seiner Rede auf einen guten philosophischen Boden und in der Tiefe der Vernunft gegründet hat; wenn er, nochmals zu dieser Arbeit zurückgekehrt, Senkblei und Richtmaß anlegt, um zu untersuchen, ob alles in Ordnung ist, und mit einer Riesenhand zu prüfen scheint, ob alles auch sicher zusammenhält; wenn er die Gedanken aller Zuhörer mit Argumenten festgebunden wie mit Seilen, die keiner zu zerreißen imstande ist – dann springt er gewaltig auf das Gebäude, das er sich gezimmert hat, es erhebt sich seine Gestalt und sein Ton, er beschwört die Leidenschaften aus ihren geheimsten Winkeln, und überwältigt und erschüttert die maulaufsperrenden Parlamentsgenossen und das ganze dröhnende Haus. Jene Stimme, die erst so leise und anspruchslos war, gleicht jetzt dem betäubenden Brausen und den unendlichen Wogen des Meeres; jene Gestalt, die vorher unter ihrem eigenen Gewichte zu sinken schien, sieht jetzt aus, als hätte sie Nerven von Stahl, Sehnen von Kupfer, ja als sei sie unsterblich und unveränderlich wie die Wahrheiten, die sie eben ausgesprochen; jenes Gesicht, welches vorher blaß und kalt war wie ein Stein, ist jetzt belebt und leuchtend, als wäre der innere Geist noch mächtiger als die gesprochenen Worte; und jene Augen, die uns anfänglich mit ihren blauen und stillen Kreisen so demütig ansahen, als wollten sie unsre Nachsicht und Verzeihung erbitten, aus denselben Augen schießt jetzt ein meteorisches Feuer, das alle Herzen zur Bewunderung entzündet. So schließt die zweite, der leidenschaftliche oder deklamatorische Teil der Rede.

Wenn er das erreicht hat, was man für den Gipfel der Beredtsamkeit halten möchte, wenn er gleichsam umherblickt, um die Bewunderung, die er hervorgebracht, mit Hohnlächeln zu betrachten, dann sinkt seine Gestalt wieder zusammen, und auch seine Stimme fällt herab bis zum sonderbarsten Flüstern, das jemals aus der Brust eines Menschen hervorgekommen. Dieses seltsame Herabstimmen oder vielmehr Fallenlassen des Ausdrucks, der Gebärde und der Stimme, welches Brougham in einer Vollkommenheit besitzt, wie es bei gar keinem anderen Redner gefunden wird, bringt eine wunderbare Wirkung hervor; und jene tiefen, feierlichen, fast hingemurmelten Worte, die jedoch bis auf den Anhauch jeder einzelnen Silbe vollkommen vernehmbar sind, tragen in sich eine Zaubergewalt, der man nicht widerstehen kann, selbst wenn man sie zum ersten Male hört und ihre eigentliche Bedeutung und Wirkung noch nicht kennen gelernt hat. Man glaube nur nicht etwa, der Redner oder die Rede sei erschöpft. Diese gemilderten Blicke, diese gedämpften Töne bedeuten nichts weniger als den Anfang einer Peroratio, womit der Redner, als ob er fühle, daß er etwas zu weit ge-

gangen, seine Gegner wieder besänftigen will. Im Gegenteil, dieses
Zusammenkrümmen des Leibes ist kein Zeichen von Schwäche,
und dieses Fallenlassen der Stimme ist kein Vorspiel von Furcht
und Unterwürfigkeit; es ist das lose, hängende Vorbeugen des Leibes bei einem Ringer, der die Gelegenheit erspäht, wo er seinen
Gegner desto gewaltsamer umschlingen kann, es ist das Zurück-
springen des Tigers, der gleich darauf mit desto sicherern Krallen
auf seine Beute losstürzt, es ist das Zeichen, daß Heinrich Brougham seine ganze Rüstung anlegt und seine mächtigste Waffe er-
greift. In seinen Argumenten war er klar und überzeugend; in seiner Beschwörung der Leidenschaften war er zwar etwas hochmütig,
doch auch mächtig und siegreich; jetzt aber legt er den letzten, un-
geheuersten Pfeil auf seinen Bogen – er wird fürchterlich in seinen
Invektiven. Wehe dem Manne, dem jenes Auge, das vorher so ruhig
und blau war, jetzt entgegenflammt aus dem geheimnisvollen Dunkel dieser zusammengezogenen Brauen! aus dem geheimnisvollen
Dunkel dieser zusammengezogenen Brauen! Wehe dem Wicht, dem
diese halbgeflüsterten Worte ein Vorzeichen sind von dem Unheil,
das über ihn herabschwebt!

»Wer als ein Fremder vielleicht heute zum ersten Mal die Galerie
des Parlaments besucht, weiß nicht, was jetzt kommen wird. Er
sieht bloß einen Mann, der ihn mit seinen Argumenten überzeugt,
mit seiner Leidenschaft erwärmt hat, und jetzt mit jenem sonderba-
ren Flüstern einen sehr lahmen, schwächlichen Schluß anzubringen
scheint. O Fremdling! wärest du bekannt mit den Erscheinungen
dieses Hauses und auf einem Sitze, wo du alle Parlamentsglieder
übersehen könntest, so würdest du bald merken, daß diese in Betreff eines solchen lahmen, schwächlichen Schlusses durchaus nicht
deiner Meinung sind. Du würdest manchen bemerken, den Partei-
sucht oder Anmaßung in dieses stürmische Meer, ohne gehörigen
Ballast und das nötige Steuerruder, hineingetrieben hat, und der
nun so furchtsam und ängstlich umherblickt wie ein Schiffer auf
dem chinesischen Meere, wenn er an einer Seite des Horizontes jene
dunkle Ruhe entdeckt, die ein sicheres Vorzeichen ist, daß von der
andern Seite, ehe eine Minute vergeht, der Typhon heranweht mit
seinem verderblichen Hauche; – du würdest irgendeinen klugen
Mann bemerken, der fast greinen möchte und an Leib und Seele
schauert wie ein kleines Vögelchen, das in die Zaubernähe einer

Klapperschlange geraten ist, seine Gefahr entsetzlich fühlt, und sich
doch nicht helfen kann und mit jämmerlich närrischer Miene dem
Untergange sich darbietet; – du würdest einen langen Antagonisten
bemerken, der sich mit schlotternden Beinen an der Bank festklam-
mert, damit der heranziehende Sturm ihn nicht fortfegt; – oder du
bemerkst sogar einen stattlichen, wohlbeleibten Repräsentanten
irgendeiner fetten Grafschaft der beide Fäuste in das Kissen seiner
Bank hineingräbt, völlig entschlossen, im Fall ein Mann von seiner
Wichtigkeit aus dem Hause geschleudert würde, dennoch seinen
Sitz zu bewahren und unter sich von dannen zu führen.

»Und nun kommt es: – die Worte, welche so tief geflüstert und
gemurmelt wurden, schwellen an, so laut, daß sie selbst den Jubel-
ruf der eignen Partei übertönen, und nachdem irgendein unglückse-
liger Gegner bis auf die Knochen geschunden und seine verstüm-
melten Glieder durch alle Redefiguren durchgestampft worden,
dann ist der Leib des Redners wie niedergebrochen und zerschlagen
von der Kraft seines eignen Geistes, er sinkt auf seinen Sitz zurück,
und der Beifall-Lärm der Versammlung kann jetzt unaufhaltsam
hervorbrechen.« Ich habe es nie so glücklich getroffen, daß ich
Brougham während einer solchen Rede im Parlamente ruhig betrachten konnte. Nur stückweis oder Unwichtiges hörte ich ihn
sprechen, und nur selten kam er mir dabei selbst zu Gesicht. Immer
aber – das merkte ich gleich – sobald er das Wort nahm, erfolgte
eine tiefe, fast ängstliche Stille. Das Bild, das oben von ihm entwor-
fen worden, ist gewiß nicht übertrieben. Seine Gestalt, von gewöhnlicher Manneslänge, ist sehr dünn, ebenfalls sein Kopf, der mit kur-
zen schwarzen Haaren, die sich der Schläfe glatt anlegen, spärlich
bedeckt ist. Das blasse, längliche Gesicht erscheint dadurch noch
dünner, die Muskeln desselben sind in krampfhafter, unheimlicher
Bewegung, und wer sie beobachtet, sieht des Redners Gedanken,
ehe sie gesprochen sind. Dieses schadet seinen witzigen Einfällen;
denn für Witze und Geldborger ist es heilsam, wenn sie uns unan-
gemeldet überraschen. Obgleich sein schwarzer Anzug bis auf den
Schnitt des Fracks ganz gentlemännisch ist, so trägt solcher doch
dazu bei, ihm ein geistliches Ansehen zu geben. Vielleicht bekommt
er dieses noch mehr durch seine oft gekrümmte Rückenbewegung
und die lauernde, ironische Geschmeidigkeit des ganzen Leibes.
Einer meiner Freunde hat mich zuerst auf dieses »Klerikalische« in

Brougham's Wesen aufmerksam gemacht, und durch die obige Schilderung wird diese feine Bemerkung bestätigt. Mir ist zuerst das »Advokatische« im Wesen Brougham's aufgefallen, besonders durch die Art, wie er beständig mit dem vorgestreckten Zeigefinger demonstriert und mit vorgebeugtem Haupte selbstgefällig dazu nickt.

Am bewunderungswürdigsten ist die rastlose Tätigkeit dieses Mannes. Jene Parlamentsreden hält er, nachdem er vielleicht schon acht Stunden lang seine täglichen Berufsgeschäfte, nämlich das Advizieren in den Gerichtssälen, getrieben, und vielleicht die halbe Nacht an Aufsätzen für das Edinburgh Review oder an seinen Verbesserungen des Volksunterrichts und der Kriminalgesetze gearbeitet hat. Erstere Arbeiten, der Volksunterricht, werden gewiß einst schöne Früchte hervorbringen. Letztere, die Kriminalgesetzgebung, womit Brougham und Peel sich jetzt am meisten beschäftigen, sind vielleicht die nützlichsten, wenigstens die dringendsten; denn Englands Gesetze sind noch grausamer als seine Oligarchen. Der Prozeß der Königin begründete zuerst Brougham's Zelebrität. Er kämpfte wie ein Ritter für diese hohe Dame, und, wie sich von selbst versteht, wird Georg IV. niemals die Dienste vergessen, die er seiner lieben Frau geleistet hat. Deshalb, als vorigen April die Opposition siegte, kam Brougham dennoch nicht ins Ministerium, obgleich ihm als *leader of the opposition* in diesem Falle nach altem Brauch ein solcher eintritt gebührte.

XI. Die Emanzipation der Katholiken

Wenn man mit dem dümmsten Engländer über Politik spricht, so wird er doch immer etwas Vernünftiges zu sagen wissen. Sobald man aber das Gespräch auf Religion lenkt, wird der gescheiteste Engländer nichts als Dummheiten zutage fördern. Daher entsteht wohl jene Verwirrung der Begriffe, jene Mischung von Weisheit und Unsinn, sobald im Parlamente die Emanzipation der Katholiken zur Sprache kommt, eine Streitfrage, worin Politik und Religion kollidieren. Selten in ihren parlamentarischen Verhandlungen ist es den Engländern möglich, ein Prinzip auszusprechen, sie diskutieren nur den Nutzen oder Schaden der Dinge, und bringen Fakta, die einen pro, die anderen *contra*, zum Vorschein.

Mit Faktis aber kann man zwar streiten, doch nicht siegen, da gibt es nichts als ein materielles Hin- und Herschlagen, und das Schauspiel eines solchen Streites gemahnt uns an wohlbekannte *pro patria*-Kämpfe deutscher Studenten, deren Resultat darauf hinausläuft, daß so und so viel' Gänge gemacht worden, so und so viel' Quarten und Terzen gefallen sind und nichts damit bewiesen worden.

Im Jahr 1827, wie sich von selbst versteht, haben wieder die Emanzipationisten gegen die Oranienmänner in Westminster gefochten, und, wie sich von selbst versteht, es ist nichts dabei herausgekommen. Die besten Schläger der Emanzipationisten waren Burdett, Plunkett, Brougham und Canning. Ihre Gegner, Herrn Peel ausgenommen, waren wieder die bekannten oder, besser gesagt, die unbekannten Fuchsjäger.

Von jeher stimmten die geistreichsten Staatsmänner Englands für die bürgerliche Gleichstellung der Katholiken, sowohl aus Gründen des innigsten Rechtsgefühls als auch der politischen Klugheit. Pitt selbst, der Erfinder des stabilen Systems, hielt die Partei der Katholiken. Gleichfalls Burke, der große Renegat der Freiheit, konnte nicht so weit die Stimme seines Herzens unterdrücken, daß er gegen Irland gewirkt hätte. Auch Canning, sogar damals, als er noch ein toryscher Knecht war, konnte nicht ungerührt das Elend Irlands betrachten, und wie teuer ihm dessen Sache war, hat er zu einer Zeit, als man ihn der Lauigkeit bezichtigte, gar rührend naiv ausgesprochen. Wahrlich, ein großer Mensch kann, um große Zwecke zu erreichen, oft gegen seine Überzeugung handeln und zweideutig oft von einer Partei zur andern übergehen; – man muß alsdann billig bedenken, daß derjenige, der sich auf einer gewissen Höhe behaupten will, ebenso den Umständen nachgeben muß, wie der Hahn auf dem Kirchturm, den, obgleich er von Eisen ist, jeder Sturmwind zerbrechen und herabschleudern würde, wenn er trotzig unbeweglich bliebe, und nicht die edle Kunst verstände, sich nach jedem Winde zu drehen. Aber nie wird ein großer Mensch so weit die Gefühle seiner Seele verleugnen können, daß er das Unglück seiner Landsleute mit indifferenter Ruhe ansehen und sogar vermehren könnte. Wie wir unsere Mutter lieben, so lieben wir auch den Boden, worauf wir geboren sind, so lieben wir die Blumen, den Duft, die Sprache und die Menschen, die aus diesem Boden hervorgeblüht sind, keine Religion ist so schlecht und keine Politik ist so gut, daß sie im Herzen ihrer Bekenner solche Liebe ersticken könnte; obgleich sie Protestanten und Tories waren, konnten Burke und Canning doch nimmermehr Partei nehmen gegen das arme, grüne Erin; Irländer, die schreckliches Elend und namenlosen Jammer über ihr Vaterland verbreiten, sind Menschen – wie der selige Castlereagh und der unselige Willington.

Daß die große Masse des englischen Volkes gegen die Katholiken gestimmt ist und täglich das Parlament bestürmt, ihnen nicht mehr Recht einzuräumen, ist ganz in der Ordnung. Es liegt in der menschlichen Natur eine solche Unterdrückungssucht, und wenn wir auch, was jetzt beständig geschieht, über bürgerliche Ungleichheit klagen, so sind alsdann unsere Augen nach oben gerichtet, wir sehen nur diejenigen, die über uns stehen, und deren Vorrechte uns beleidigen; abwärts sehen wir nie bei solchen Klagen, es kommt uns nie in den Sinn, diejenigen, welche durch Gewohnheitsunrecht noch unter uns gestellt sind, zu uns heraufzuziehen, ja uns verdrießt es sogar, wenn diese ebenfalls in die Höhe streben, und wir schlagen ihnen auf die Köpfe. Der Kreole verlangt die Rechte des Europäers, spreizt sich aber gegen den Mulatten, und sprüht Zorn, wenn dieser sich ihm gleichstellen will. Ebenso handelt der Mulatte gegen den Mestizen, und dieser wieder gegen den Neger. Der Frankfurter Spießbürger ärgert sich über Vorrechte des Adels; aber er ärgert sich noch mehr, wenn man ihm zumutet, seine Juden zu emanzipieren. Ich habe einen Freund in Polen, der für Freiheit und Gleichheit schwärmt, aber bis auf diese Stunde seine Bauern noch nicht aus ihrer Leibeigenschaft entlassen hat.

Was den englischen Klerus betrifft, so bedarf es keiner Erörterung, weshalb von dieser Seite die Katholiken verfolgt werden. Verfolgung des Andersdenkenden ist überall das Monopol der Geistlichkeit, und auch die anglikanische Kirche behauptet streng ihre Rechte. Freilich, die Zehnten sind ihr die Hauptsache, sie würde durch die Emanzipation der Katholiken einen großen Teil ihres Einkommens verlieren, und Aufopferung eigener Interessen ist ein Talent, das den Priestern der Liebe ebensosehr abgeht wie den sündigen Laien. Dazu kommt noch, daß jene glorreiche Revolution, welcher England die meisten seiner jetzigen Freiheiten verdankt, aus religiösem, protestantischen Eifer hervorgegangen; ein Umstand, der den Engländern gleichsam noch besondere Pflichten der Dankbarkeit gegen die herrschende protestantische Kirche auferlegt, und sie diese als das Hauptbollwerk ihrer Freiheit betrachten läßt. Manche ängstliche Seelen unter ihnen mögen wirklich den Katholizismus und dessen Wiedereinführung fürchten, und an die Scheiterhaufen vom Smithfield denken – und ein gebranntes Kind scheut das Feuer. Auch gibt es ängstliche Parlamentsglieder, die ein neues Pulverkomplott befürchten – diejenigen fürchten das Pulver am meisten, die es nicht erfunden haben – und da wird es ihnen oft, als fühlten sie, wie die grünen Bänke, worauf sie in der St. Stephanskapelle sitzen, allmählich warm und wärmer werden, und wenn irgendein Redner, wie oft geschieht, den Namen Guy Fawkes erwähnt, rufen sie ängstlich: *Hear him! hear him!* Was endlich den Rektor von Göttingen betrifft, der in London eine Anstellung als König von England hat, so kennt jeder seine Mäßigkeitspolitik; er klärt sich für keine von beiden Parteien, er sieht gern, daß sie sich bei ihren Kämpfen wechselseitig schwächen, er lächelt nach herkömmlicher Weise, wenn sie friedlich bei ihm kuren, er weiß alles und tut nichts, und verläßt sich im schlimmsten Falle auf seinen Oberschnurren Wellington.

Man verzeihe mir, daß ich in flipprigem Tone eine Streitfrage behandle, von deren Lösung das Wohl Englands und daher vielleicht mittelbar das Wohl der Welt abhängt. Aber eben je wichtiger ein Gegenstand ist, desto lustiger muß man ihn behandeln; das blutige Gemetzel der Schlachten, das schaurige Sichelwetzen des Todes wäre nicht zu ertragen, erklänge nicht dabei die betäubende türkische Musik mit ihren freudigen Pauken und Trompeten. Das wissen die Engländer, und daher bietet ihr Parlament auch ein heiteres Schauspiel des unbefangensten Witzes und der witzigsten Unbefangenheit; bei den ernsthaftesten Debatten, wo das Leben von Tausenden und das Heil ganzer Länder auf dem Spiel steht, kommt doch keiner von ihnen auf den Einfall, ein deutsch-steifes Landständegesicht zu schneiden, oder französisch-pathetisch zu deklamieren, und wie ihr Leib, so gebärdet sich alsdann auch ihr Geist ganz zwanglos, Scherz, Selbstpersiflage, Sarkasmen, Gemüt und Weisheit, Malice und Güte, Logik und Verse sprudeln hervor im blühendsten Farbenspiel, so daß die Annalen des Parlaments uns noch nach Jahren die geistreiche Unterhaltung gewähren. Wie sehr kontrastieren dagegen die öden, ausgestopften, löschpapiernen Reden unserer süddeutschen Kammern, deren Langweiligkeit auch der geduldigste Zeitungsleser nicht zu überwinden vermag, ja deren Duft schon einen lebendigen Leser verscheuchen kann, so daß wir glauben müssen, jene Langweiligkeit sei geheime Absicht, um das große Publikum von der Lektüre jener Verhandlungen abzuschrecken und sie dadurch trotz ihrer Öffentlichkeit dennoch im Grunde ganz geheim zu halten.

Ist also die Art, wie die Engländer im Parlamente die katholische Streitfrage abhandeln, wenig geeignet, ein Resultat hervorzubringen, so ist doch die Lektüre dieser Debatten um so interessanter, weil Fakta mehr ergötzen als Abstraktionen, und gar besonders amüsant ist es, wenn fabelgleich irgendeine Parallelgeschichte erzählt wird, die den gegenwärtigen, bestimmten Fall witzig persifliert, und dadurch vielleicht am glücklichsten illustriert. Schon bei den Debatten über die Thronrede, am 3. Februar 1825, vernahmen wir im Oberhause eine jener Parallelgeschichten, wie ich sie oben bezeichnet, und die ich wörtlich hierhersetze: (*via. parliamentary history and review during the session of 1825-26. Pag. 31.*)

»Lord King bemerkte, daß, wenn auch England blühend und glücklich genannt werden könne, so befänden sich doch sechs Millionen Katholiken in einem ganz andern Zustande jenseits des irländischen Kanals, und die dortige schlechte Regierung sei eine Schande für unser Zeitalter und für alle Briten. Die ganze Welt, sagt er, ist jetzt zu vernünftig, um Regierungen zu entschuldigen, welche ihre Untertanen wegen Religionsdifferenzen bedrücken oder irgendeines Rechtes berauben. Irland und die Türkei könnte man als die einzigen Länder Europa's bezeichnen, wo ganze Menschenklassen ihres Glaubens wegen unterdrückt und gekränkt werden. Der Großsultan hat sich bemüht, die Griechen zu bekehren, in derselben Weise wie das englische Gouvernement die Bekehrung der irländischen Katholiken betrieben, aber ohne Erfolg. Wenn die unglücklichen Griechen über ihre Leiden klagten und demütigst baten, ein bißchen besser als mohamedanische Hunde behandelt zu werden, ließ der Sultan seinen Großvesir holen, um Rat zu schaffen. Dieser Großvesier war früherhin ein Freund und späterhin ein Feind der Sultanin gewesen. Er hatte dadurch in der Gunst seines Herrn ziemlich gelitten, und in seinem eigenen Divan von seinen eigenen Beamten und Dienern manchen Widerspruch ertragen müssen (Gelächter). Er war ein Feind der Griechen. Dem Einfluß nach die zweite Person im Divan war der Reis Effendi, welcher den gerechten Forderungen jenes unglücklichen Volkes freundlich geneigt war. Dieser Beamte, wie man wußte, war Minister der äußern Angelegenheiten, und seine Politik verdiente und erhielt allgemeinen Beifall. Er zeigte in diesem Felde außerordentliche Liberalität und Talente, er tat viel Gutes, verschaffte der Regierung des Sultans viel Popularität, und würde noch mehr ausgerichtet haben, hätten ihn nicht seine minder erleuchteten Kollegen in allen seinen Maßregeln gehemmt. Er war in der Tat der einzige Mann von wahrem Genie im ganzen Divan (Gelächter), und man achtete ihn als eine Zierde türkischer Staatsleute, da er auch mit poetischen Talenten begabt war. Der Kiaya-Bei und Minister des Innern und der Kapudan Pascha waren wiederum Gegner der Griechen; aber der Chorführer der ganzen Opposition gegen die Rechtsansprüche dieses Volks war der Obermufti oder das Haupt des mahomedanischen Glaubens (Gelächter). Dieser Beamte war ein Feind jeder Veränderung. Er hatte sich regelmäßig widersetzt bei allen Verbesserungen im Handel, bei allen Verbesserungen in der Justiz, bei jeder Verbesserung in der ausländischen Politik (Gelächter). Er zeigte und erklärte sich jedesmal als der größte Verfechter der bestehenden Mißbräuche. Er war der vollendetste Intrigant im ganzen Divan (Gelächter). In früherer Zeit hatte er sich für die Sultanin erklärt, aber er wandte sich gegen sie, sobald er befürchtete, daß er dadurch seine Stelle im Divan verlieren könne, er nahm sogar die Partei ihrer Feinde. Einst wurde der Vorschlag gemacht, einige Griechen in das Korps der regulären Truppen oder Janitscharen aufzunehmen; aber der Obermufti erhob dagegen ein so heilloses Zetergeschrei – ähnlich unserem *No popery*-Geschrei – daß diejenigen, welche jene Maßregel genehmigt, aus dem Divan scheiden mußten. Er gewann selbst die Oberhand, und sobald dies geschah, erklärte er sich für eben dieselbe Sache, wogegen er vorhin am meisten geeifert hatte (Gelächter). Er sorgte für des Sultans Gewissen und für sein eigenes; doch will man bemerkt haben, daß sein Gewissen niemals mit seinen Interessen in Opposition war (Gelächter). Da er aufs genaueste die türkische Konstitution studiert, hatte er ausgefunden, daß sie wesentlich mahomedanisch sei (Gelächter), und folglich allen Vorrechten der Griechen feindselig sein müsse. Er hatte deshalb beschlossen, der Sache der Intoleranz fest ergeben zu bleiben, und war bald umringt von Mollahs, Imams und Derwischen, welche ihn in seinen edeln Vorsätzen bestärkten. Um das Bild dieser Spaltung im Divan zu vollenden, sei noch erwähnt, daß dessen Mitglieder übereinkamen, sie wollten bei gewissen Streitfragen einig und bei ändern wieder entgegengesetzter Meinung sein, ohne ihre Vereinbarung zu brechen. Nachdem man nun die Übel, die durch solch einen Divan entstanden, gesehen hat, nachdem man gesehen, wie das Reich der Muselmänner zerrissen worden durch eben ihre Intoleranz gegen die Griechen und ihre Uneinigkeit unter sich selbst, so sollte man doch den Himmel bitten, das Vaterland vor einer solchen Kabinettsspaltung zu bewahren.«

Es bedarf keines sonderlichen Scharfsinns, um die Personen zu erraten, die hier in türkische Namen vermummt sind; noch weniger ist es vonnöten, die Moral der Geschichte in trocknen Worten herzusetzen. Die Kanonen von Navarino haben sie laut genug ausgesprochen, und wenn einst die hohe Pforte zusammenbricht – und brechen wird sie trotz Pera's bevollmächtigten Laien, die sich dem Unwillen der Völker entgegenstemmen –, dann mag John Bull in seinem Herzen bedenken: mit verändertem Namen spricht von dir die Fabel. Etwas der Art mag England schon jetzt ahnen, indem seine besten Publizisten sich gegen den Interventionskrieg erklären und ganz naiv darauf hindeuten, daß die Völker Europa's mit gleichem Rechte sich der irländischen Katholiken annehmen und der englischen Regierung eine bessere Behandlung derselben abzwingen könnten. Sie glauben hiermit das Interventionsrecht widerlegt zu haben, und haben es nur noch deutlicher illustriert. Freilich hätten Europa's Völker das heiligste Recht, sich für die Leiden Irlands mit gewaffneter Hand zu verwenden, und dieses Recht würde auch ausgeübt werden, wenn nicht das unrecht stärker wäre. Nicht mehr die gekrönten Häuptlinge, sondern die Völker selbst sind die Helden der neuern Zeit, auch diese Helden haben eine heilige Alliance geschlossen, sie halten zusammen, wo es gilt für das gemeinsame Recht, für das Völkerrecht der religiösen und politischen Freiheit, sie sind verbunden durch die Idee, sie haben sie beschworen und dafür geblutet, ja sie sind selbst zur Idee geworden – und deshalb zuckt es gleich schmerzhaft durch alle Völkerherzen, wenn irgendwo, sei es auch im äußersten Winkel der Erde, die Idee beleidigt wird.

Doch ich komme ab von meinem Thema. Ich wollte alte Parlamentsspäße erzählen, und, sieh da! die Zeitgeschichte macht jetzt aus jedem Spaße gleich Ernst. Ich will ein noch lustigeres Stückchen wählen, nämlich eine Rede, die Spring Rice den 26. Mai desselben Jahrs im Unterhause hielt, und worin er die protestantische Angst wegen etwaiger Übermacht der Katholiken auf die ergötzliche Weise persifliert: (*vid. Parliamentary history and review etc. Pag. 252.*)

»Anno 1753, sagte er, brachte man ins Parlament eine Bill für die Naturalisierung der Juden, – eine Maßregel, wogegen heutzutage in diesem Lande nicht einmal irgendein altes Weib etwas einwenden würde, die aber doch zu ihrer Zeit den heftigsten Widerspruch fand, und eine Menge von Bittschriften aus London und andern Plätzen, von ähnlicher Art, wie wir sie jetzt bei der Bill für die Katholiken vorbringen sehen, zur Folge hatte. In der Bittschrift der Londoner Bürger hieß es: »Sollte die besagte Bill für die Juden gesetzliche Sanktion erhalten, so würde sie die christliche Religion erschrecklich gefährden, sie würde die Konstitution des Staates und unserer heiligen Kirche untergraben (Man lacht) und würde den Interessen des Handels im allgemeinen und der Stadt London insbesondere außerordentlich schaden (Gelächter).« Indessen, ungeachtet dieser strengen Denunziation fand der nachfolgende Kanzler des Exchequer, daß die bedrohten,, erschrecklichen Folgen ausblieben, als man die Juden in die City von London und selbst in Downingstreet aufnahm (Gelächter). Damals hatte das Journal »Der

Kraftsmann« bei der Denunziation der unzähligen Unglücke, welche jene Maßregel hervorbringen würde, in folgenden Worten sich ausgelassen: »Ich muß um Erlaubnis bitten, die Folgen dieser Bill auseinander zu setzen. Bei Gott ist Gnade, aber bei den Juden ist keine Gnade, und sie haben 1700 Jahre der Züchtigung an uns abzurächen. Wenn diese Bill durchgeht, werden wir alle Sklaven der Juden, und ohne Hoffnung irgendeiner Rettung durch die Güte Gottes. Der Monarch würde den Juden Untertan werden, und der freien Landbesitzer nicht mehr achten. Er würde unsere britischen Soldaten abschaffen und eine größere Armee von lauter Juden errichten, die uns zwingen würde, unsere königliche Familie abzuschwören, und gleichfalls unter einem jüdischen König naturalisiert zu werden. Erwacht daher, meine christlichen und protestantischen Brüder! Nicht Hannibal ist vor euren Pforten, sondern die Juden, und sie verlangen die Schlüssel eurer Kirchtüren!« (Lautes anhaltendes Gelächter). Bei den Debatten, welche über jene Bill im Unterhause stattfanden, erklärte ein Baron aus dem Westen (Man lacht), daß, wenn man die Naturalisierung der Juden zugestehe, so gerate man in Gefahr, bald von ihnen im Parlamente überstimmt zu werden. »Sie werden unsere Grafschaften«, sagte er, »unter ihre Stämme verteilen, und unsere Landgüter den Meistbietenden verkaufen.« (Man lacht). Ein anderes Parlamentsglied war der Meinung; »wenn die Bill durchgehe, würden sich die Juden so schnell vermehren, daß sie sich über den größten Teil Englands verbreiten, und dem Volke sein Land ebenso wie seine Macht abringen würden. Das Parlamentsglied für London, Sir John Bernard, betrachtete den Gegenstand aus einem tiefern theologischen Gesichtspunkte, einem Gesichtspunkt, den man ganz wiederfindet in der neulichen Petition aus Leicester, deren Unterzeichner den Katholiken vorwerfen, sie seien Abkömmlinge derer, die ihre Vorfahren verbrannt haben – und in solcher Art rief er, »die Juden seien die Nachkommen derjenigen, welche den Heiland gekreuzigt haben, und deshalb bis auf die spätesten Enkel von Gott verflucht worden.« – Er (Spring Rice) bringe jene Auszüge zum Vorschein, um zu zeigen, daß jenes alte Lärmgeschrei ebenso begründet gewesen sei, wie der jetzige neue Lärm in Betreff der Katholiken (Hört! hört!) Zur Zeit der Judenbill ward auch eine scherzhafte »Judenzeitung« ausgegeben, worin man die folgende Ankündigung las: »Seit unserer letzten Nummer ist der Postwagen von Jerusalem angekommen. Vergangene Woche wurden im Entbindungshospital, Brownlow-Street, fünfundzwanzig Knaben öffentlich beschnitten. Gestern abend wurde im Sanhedrin durch Stimmenmehrheit die Naturalisierung der Christen verworfen. Das Gerücht eines Aufruhrs der Christen in Nord-Wales erfand sich als ganz unbegründet. Letzten Freitag wurde die Jahrfeier der Kreuzigung im ganzen Königreiche sehr vergnüglich begangen.« – In dieser Art und zu allen Zeiten, bei der Judenbill sowohl als bei der Bill für die Katholiken, wurde der lächerlichste Widersetzungslärm durch die geistlosen Mittel erregt, und wenn wir den Ursachen eines solchen Lärms nachforschen, finden wir, daß sie sich immer ähnlich waren. Wenn wir den Ursachen der Opposition gegen die Judenbill im Jahre 1753 nachforschen, finden wir als erste Autorität den Lord Chatham, der im Parlamente aussprach, »er sowohl als die meisten andern Gentlemen seien überzeugt, daß die Religion selbst mit dieser Streitfrage nichts zu schaffen habe und es nur dem Verfolgungsgeiste der alten erhabenen Kirche (*the old high church's persecuting spirit*) gelungen sei, dem Volke das Gegenteil weiß zu machen.« (Hört! hört!) So ist es auch in diesem Falle, und es ist wieder ihre Liebe für ausschließliche Macht und Bevorrechtung, was jetzt die alte erhabene Kirche antreibt, das Volk gegen die Katholiken zu bearbeiten; und er (Spring Rice) sei überzeugt, daß viele, welche solche Künste anwenden, ebenfalls sehr gut wüßten, wie wenig die Religion bei der letzten Katholikenbill in Betrachtung kommen konnte, gewiß ebensowenig, wie bei einer Bill für Regulierung der Maße und Gewichte oder für Bestimmung der Länge des Pendels nach der Anzahl seiner Schwingungen. Ebenfalls in Betreff der Judenbill befindet sich in der damaligen Hardwicke-Zeitung ein Brief des Doktor Birch an Herrn Philipp York, worin jener sich äußerte, daß all dieser Lärm wegen der Judenbill nur einen Einfluß auf die nächstjährigen Wahlen beabsichtigt.« (Hört! Man lacht.) Es geschah damals, wie dergleichen auch in unserer Zeit geschieht, daß ein vernünftiger Bischof von Norwich zu Gunsten der Judenbill aufgetreten. Dr. Birch erzählt, daß dieser bei seiner Zurückkunft in seinen Kirchsprengel jener Handlung wegen insultiert worden; »als er nach Ipswich ging, um dort einige Knaben zu konfirmieren, ward er unterwegs verspottet und man verlangte von ihm beschnitten zu werden;« auch annoncierte man, »daß der Herr Bischof nächsten Samstag die Juden konfirmieren und tags darauf die Christen beschneiden würde.« (Man lacht.) So war das Geschrei gegen liberale Maßregeln in allen Zeitaltern gleichartig unvernünftig und brutal. (Hört ihn! hört ihn!) Jene Besorgnisse in Hinsicht der Juden vergleiche man mit dem Alarm, der in gewissen Orten durch die Bill für die Katholiken erregt wurde. Die Gefahr, welche man befürchtete, wenn den Katholiken mehr Macht eingeräumt würde, war ebenso absurd; die Macht Unheil anzurichten, wenn sie dazu geneigt waren, konnte ihnen durch das Gesetz in keinem so hohen Grade verliehen werden, wie sie jetzt solche eben durch ihre Bedrückung selbst erlangt haben. Diese Bedrückung ist es, wodurch Leute wie Herr O'Connell und Herr Sheil so einflußreich geworden sind. Die Nennung dieser Herren geschehe nicht, um sie verdächtig zu machen; im Gegenteil, man muß ihnen Achtung zollen, und sie haben sich um das Vaterland Verdienste erworben; dennoch wäre es besser, wenn die Macht vielmehr in den Gesetzen als in den Händen der Individuen, seien diese auch noch so achtungswert, beruhen möchte. Die Zeit wird kommen, wo man den Widerstand des Parlaments gegen jene Rechtseinräumung nicht bloß mit Verwunderung, sondern auch mit Verachtung ansehen wird. Die religiöse Weisheit eines frühern Zeitalters war oft Gegenstand der Verachtung bei den nachfolgenden Generationen. (Hört! hört!) –«

XII. Wellington

Der Mann hat das Unglück, überall Glück zu haben, wo die größten Männer der Welt Unglück hatten, und das empört uns und macht in verhaßt. Wir sehen in ihm nur den Sieg der Dummheit über das Genie – Arthur Wellington triumphiert, wo Napoleon Bonaparte untergeht! Nie ward ein Mann ironischer von Fortuna begünstigt, und es ist, als ob sie seine öde Winzigkeit zur Schau geben wollte, indem sie ihn auf den Schild des Sieges emporhebt. Fortuna ist ein Weib, und nach Weiberart grollt sie vielleicht heimlich dem Manne, der ihren ehemaligen Liebling stürzte, obgleich dessen Sturz ihr eigner Wille war. Jetzt bei der Emanzipation der Katholiken läßt sie ihn wieder siegen, und zwar in einem Kampfe, worin George Canning zugrunde ging. Man würde ihn vielleicht geliebt haben, wenn der elende Londonderry sein Vorgänger im Ministerium gewesen wäre; jetzt aber war er der Nachfolger des edlen Canning, des vielbeweinten, angebeteten, großen Canning – und er siegt, wo Canning zu Grunde ging. Ohne solches Unglück des Glücks würde Wellington vielleicht für einen großen Mann passieren, man würde ihn nicht hassen, nicht genau messen, wenigstens nicht mit dem heroischen Maßstabe, womit man einen Napoleon und einen Canning mißt, und man würde nicht entdeckt haben, wie klein er ist als Mensch.

Er ist ein kleiner Mensch, und noch weniger als klein. Die Franzosen haben von Polignac nichts Ärgeres sagen können, als: er sei ein Wellington ohne Ruhm. In der Tat, was bleibt übrig, wenn man einem Wellington die Feldmarschalluniform des Ruhmes auszieht?

Ich habe hier die beste Apologie des Lord Wellington – im englischen Sinne des Wortes – geliefert. Man wird sich aber wundern, wenn ich ehrlich gestehe, daß ich diesen Helden einst sogar mit vollen Segeln gelobt habe. Es ist eine gute Geschichte, und ich will sie hier erzählen.

Mein Barbier in London war ein Radikaler, genannt Mister White, ein armer kleiner Mann in einem abgeschabten schwarzen Kleide, das einen weißen Widerschein gab; er war so dünn, daß die Fassade seines Gesichtes nur ein Profil zu sein schien, und die Seufzer in seiner Brust sichtbar waren, noch ehe sie aufstiegen. Er seufzte nämlich immer über das Unglück von Alt-England und über die Unmöglichkeit, jemals die Nationalschuld zu bezahlen.

»Ach!« – hörte ich ihn gewöhnlich seufzen – »was brauchte sich das englische Volk darum zu bekümmern, wer in Frankreich regierte und was die Franzosen in ihrem Lande trieben? Aber der hohe Adel und die hohe Kirche fürchteten die Freiheitsgrundsätze der französischen Revolution, und um diese Grundsätze zu unterdrücken, mußte John Bull sein Blut und sein Geld hergeben und noch obendrein Schulden machen. Der Zweck des Krieges ist jetzt erreicht, die Revolution ist unterdrückt, den französischen Freiheitsadlern sind die Flügel beschnitten, der hohe Adel und die hohe Kirche können jetzt ganz sicher sein, daß keiner derselben über den Kanal fliegt, und der hohe Adel und die hohe Kirche sollten jetzt wenigstens die Schulden bezahlen, die für ihr eignes Interesse, und nicht für das arme Volk gemacht worden sind. Ach! das arme Volk –«

Immer, wenn er an »das arme Volk« kam, seufzte Mister White noch tiefer, und der Refrain war dann, daß das Brot und der Porter so teuer sei, und daß das arme Volk verhungern müsse, um dicke Lords, Jagdhunde und Pfaffen zu füttern, und daß es nur eine Hilfe gäbe. Bei diesen Worten pflegte er auch das Messer zu schleifen, und während er es über das Schleifleder hin und her zog, murmelte er ingrimmig langsam: »Lords, Hunde, Pfaffen!«

Gegen den Duke of Wellington kochte aber sein radikaler Zorn immer am heftigsten, er spuckte Gift und Galle, sobald er auf diesen zu sprechen kam, und wenn er mich unterdessen einseifte, so geschah es mit schäumender Wut. Einst wurde ich ordentlich bange, als er mich just nahe beim Halse barbierte, während er so heftig gegen Wellington loszog, und beständig dazwischen murmelte: »Hätte ich ihn nur so unterm Messer, ich würde ihm die Mühe ersparen, sich selbst die Kehle abzuschneiden, wie sein Amtsbruder und Landsmann Londonderry, der sich die Kehle abgeschnitten zu North-Cray in der Grafschaft Kent – Gott verdamm' ihn!«

Ich fühlte schon, wie die Hand des Mannes zitterte, und aus Furcht, daß er in der Leidenschaft sich plötzlich einbilden könnte, ich sei der Duke of Wellington, suchte ich seine Heftigkeit herabzustimmen und ihn unter der Hand zu besänftigen. Ich nahm seinen

Nationalstolz in Anspruch, ich stellte ihm vor, daß Wellington den Ruhm der Engländer befördert, daß er immer nur eine unschuldige Maschine in dritten Händen gewesen sei, daß er gern Beefsteaks esse, und daß er endlich – Gott weiß! was ich noch mehr von Wellington rühmte, als mir das Messer an der Kehle stand.

Was mich am meisten ärgert, ist der Gedanke, daß Arthur Wellington ebenso unsterblich wird die Napoleon Bonaparte. Ist doch in ähnlicher Weise der Namen Pontius Pilatus eben so unvergeßlich geblieben wie der Name Christi. Wellington und Napoleon! Es ist ein wunderbares Phänomen, daß der menschliche Geist sich beide zu gleicher Zeit denken kann. Es gibt keine größren Kontraste als diese beiden, schon in ihrer äußern Erscheinung. Wellington, das dumme Gespenst mit einer aschgrauen Seele in einem steifleinernen Körper, ein hölzernes Lächeln in dem frierenden Gesichte – daneben denke man sich das Bild Napoleon's, jeder Zoll ein Gott!

Nie schwindet dieses Bild aus meinem Gedächtnisse. Ich sehe ihn immer noch hoch zu Roß, mit den ewigen Augen in dem marmornen Imperatorgesichte, schicksalruhig hinabblicken auf die vorbeidefilierenden Garden – er schickte sie damals nach Rußland, und die alten Grenadiere schauten zu ihm hinauf so schauerlich ergeben, so mitwissend ernst, so todesstolz – *Te, Caesar, morituri salutant!*

Manchmal überschleicht mich geheimer Zweifel, ob ich ihn wirklich selbst gesehen, ob wir wirklich seine Genossen waren, und es ist mir dann, als ob sein Bild, losgerissen aus dem kleinen Rahmen der Gegenwart, immer stolzer und herrischer zurückweiche in vergangenheitliche Dämmerung. Sein Name schon klingt uns wie eine Kunde der Vorwelt und eben so antik und heroisch wie die Namen Alexander und Cäsar. Er ist schon ein Losungswort geworden unter den Völkern, und wenn der Orient und der Occident sich begegnen, so verständigen sie sich durch diesen einzigen Namen.

Wie bedeutsam und magisch alsdann dieser Name erklingen kann, das empfand ich aufs tiefste, als ich einst im Hafen von London, wo die indischen Docks sind, an Bord eines Ostindienfahrers stieg, der eben aus Bengalen angelangt war. Es war ein riesenhaftes Schiff und zahlreich bemannt mit Hindostanern. Die grotesken Gestalten und Gruppen, die seltsam bunten Trachten, die rätselhaften Mienen, die wunderlichen Leibesbewegungen, der wildfremde

Klang der Sprache, des Jubels und des Lachens, dabei wieder der Ernst auf einigen sanftgelben Gesichtern, deren Augen, wie schwarze Blumen, mich mit abenteuerlicher Wehmut ansahen – alles das erregte in mir ein Gefühl wie Verzauberung, ich war plötzlich wie versetzt in Scheherezade's Märchen, und ich meinte schon, nun müßten auch breitblättrige Palmen und langhälsige Kamele und goldbedeckte Elefanten und andre fabelhafte Bäume und Tiere zum Vorschein kommen. Der Superkargo, der sich auf dem Schiffe befand und die Sprache jener Leute ebensowenig verstand als ich, konnte mir, mit echtbritischer Beschränktheit, nicht genug erzählen, was das für ein närrisches Volk sei, fast lauter Mahomedaner, zusammengewürfelt aus allen Ländern Asiens, von der Grenze China's bis ans arabische Meer, darunter sogar einige pechschwarze, wollhaarige Afrikaner. Des dumpfen abendländischen Wesens so ziemlich überdrüssig, so recht europamüde, wie ich mich damals manchmal fühlte, war mir dieses Stück Morgenland, das sich jetzt heiter und bunt vor meinen Augen bewegte, eine erquickliche Labung, mein Herz erfrischten wenigstens einige Tropfen jenes Trankes, wonach es in trüb hannövrischen oder königlich preußischen Winternächten so oft geschmachtet hatte, und die fremden Leute mochten es mir wohl ansehen, wie angenehm mir ihre Erscheinung war, und wie gern ich ihnen ein Liebeswörtchen gesagt hätte. Daß auch ich ihnen recht wohl gefiel, war den innigen Augen anzusehen, und sie hätten mir ebenfalls gern etwas Liebes gesagt, und es war eine Trübsal, daß keiner des anderen Sprache verstand. Da endlich fand ich ein Mittel, ihnen meine freundschaftliche Gesinnung auch mit einem Worte kund zu geben, und ehrfurchtsvoll und die Hand ausstreckend wie zum Liebesgruß rief ich den Namen: Mahomed!

Freude überstrahlte plötzlich die dunklen Gesichter der fremden Leute, sie kreuzten ehrfurchtsvoll die Arme, und zum erfreuenden Gegengruß riefen sie den Namen: Bonaparte!

XIII. Die Befreiung

Wenn mir mal die Zeit der müßigen Untersuchungen wiederkehrt, so werde ich langweiligst gründlich beweisen, daß nicht Indien, sondern Ägypten jenes Kastentum hervorgebracht hat, das seit zwei Jahrtausenden in jede Landestracht sich zu vermummen und jede Zeit in ihrer eigenen Sprache zu täuschen wußte, das vielleicht jetzt tot ist, den Schein des Lebens erheuchelnd, noch immer bösäugig und unheilstiftend unter uns wandelt, mit seinem Leichendufte unser blühendes Leben vergiftet, ja als ein Vampyr des Mittelalters den Völkern das Blut und das Licht aus den Herzen saugt. Dem Schlamme des Niltals entstiegen nicht bloß die Krokodile, die so gut weinen können, sondern auch jene Priester, die es noch besser verstehen, und jener Privilegier erbliche Kriegerstand, der in Mordgier und Gefräßigkeit die Krokodile noch übertrifft.

Zwei tiefsinnige Männer deutscher Nation entdeckten den heilsamsten Gegenzauber wider die schlimmste aller ägyptischen Plagen, und durch schwarze Kunst – durch die Bruchdruckerei und das Pulver – brachen sie die Gewalt jener geistlichen und weltlichen Hierarchie, die sich aus einer Verbindung des Priestertums und der Kriegerkaste, nämlich aus der sogenannten katholischen Kirche und des Feudaladels, gebildet hatte, und die ganz Europa weltlich und geistlich knechtete. Die Druckerpresse zersprengte das Dogmengebäude, worin die Großpfaffe von Rom die Geister gekerkert, und Nordeuropa atmete wieder frei, entlastet von dem nächtlichen Alp jener Klerisei, die zwar in der Form von der ägyptischen Standeserblichkeit abgewichen war, im Geiste aber dem ägyptischen Priestersysteme um so getreuer bleiben konnte, da sie sich nicht durch natürliche Fortpflanzung, sondern unnatürlich, durch mamelukenhafte Rekrutierung, als eine Korporation von Hagestolzen noch schroffer darstellte. Ebenso sehen wir, wie die Kriegskaste ihre Macht verliert, seit die alte Handwerksroutine nicht mehr von Nutzen ist bei der neuen Kriegsweise; denn von dem Posaunentone der Kanonen werden jetzt die stärksten Burgtürme niedergeblasen wie weiland die Mauern von Jericho, der eiserne Harnisch des Ritters schützt gegen den bleiernen Regen eben so wenig wie der leinene Kittel des Bauers; das Pulver macht die Menschen gleich, eine bürgerliche Flinte geht ebensogut los wie eine adlige Flinte – das Volk erhebt sich.

Die früheren Bestrebungen, die wir in der Geschichte der lombardischen und toskanischen Republiken, der spanischen Kommunen, und der freien Städte in Deutschland und andern Ländern erkennen, verdienen nicht die Ehre, eine Volkserhebung genannt zu werden; es war kein Streben nach Freiheit, sondern nach Freiheiten, kein Kampf für Rechte, sondern für Gerechtsame; Korporationen stritten um Privilegien, und es blieb alles in den festen Schranken des Gilden- und Zunftwesens. Erst zur Zeit der Reformation wurde der Kampf von allgemeiner und geistiger Art, und die Freiheit wurde verlangt, nicht als ein hergebrachtes, sondern als ein ursprüngliches, nicht als ein erworbenes, sondern als ein angeborenes Recht. Da wurden nicht mehr alte Pergamente, sondern Prinzipien vorgebracht; und der Bauer in Deutschland und der Puritaner in England beriefen sich auf das Evangelium, dessen Aussprüche damals an Vernunft statt galten, ja noch höher galten, nämlich als eine geoffenbarte Vernunft Gottes. Da stand deutlich ausgesprochen, daß die Menschen von gleich edler Geburt sind, daß hochmütiges Besserdünken verdammt werden muß, daß der Reichtum eine Sünde ist, und daß auch die Armen berufen sind zum Genusse in dem schönen Garten Gottes, des gemeinsamen Vaters.

Mit der Bibel in der einen Hand und mit dem Schwerte in der ändern zogen die Bauern durch das südliche Deutschland, und der üppigen Bürgerschaft im hochgetürmten Nüremberg ließen sie sagen, es solle künftig kein Haus im Reiche stehen bleiben, das anders aussehe als ein Bauernhaus. So wahr und tief hatten sie die Gleichheit begriffen. Noch heutigentags, in Franken und Schwaben, schauen wir die Spuren dieser Gleichheitslehre, und eine grauenhafte Ehrfurcht vor dem heiligen Geiste überschleicht den Wanderer, wenn er im Mondschein die dunklen Burgtrümmer sieht aus der Zeit des Bauernkriegs. Wohl dem, der nüchternen Sinus, nichts anderes sieht; ist man aber ein Sonntagskind – und das ist jeder Geschichtskundige – so sieht man auch die hohe Jagd, die der deutsche Adel, der roheste der Welt, gegen die Besiegten geübt, man sieht, wie tausendweis die Wehrlosen totgeschlagen, gefoltert, gespießt und gemartert wurden, und aus den wogenden Kornfeldern sieht man sie geheimnisvoll nicken, die blutigen Bauernköpfe, und drüberhin hört man pfeifen eine entsetzliche Lerche, rachegellend, wie der Pfeifer vom Helfenstein.

Etwas besser erging er den Brüdern in England und Schottland; ihr Untergang war nicht so schmählich und erfolglos, und noch jetzt sehen wir dort die Früchte ihres Regiments. Aber es gelang ihnen keine feste Begründung desselben, die sauberen Kavaliere herrschen wieder nach wie vor, und ergötzen sich an den Spaßgeschichten von den alten starren Stutzköpfen, die der befreundete Barde zu ihrer müßigen Unterhaltung so hübsch beschrieben. Keine gesellschaftliche Umwälzung hat in Großbritannien stattgefunden, das Gerüste der bürgerlichen und politischen Institutionen blieb unzerstört, die Kastenherrschaft und das Zunftwesen hat sich dort bis auf den heutigen Tag erhalten, und obgleich getränkt von dem Lichte und der Wärme der neuern Zivilisation, verharrt England in einem mittelalterlichen Zustande, oder vielmehr im Zustande eines fashionellen Mittelalters. Die Konzessionen, die dort den liberalen Ideen gemacht worden, sind dieser mittelalterlichen Starrheit nur mühsam abgekämpft worden, und nie aus einem Prinzip, sondern aus der faktischen Notwendigkeit sind alle modernen Verbesserungen hervorgegangen, und sie tragen alle den Fluch der Halbheit, die immer neue Drangsal und neuen Todeskampf und dessen Gefahren nötig macht. Die religiöse Reformation ist in England nur halb vollbracht, und zwischen den kahlen vier Gefängniswänden der bischöflich anglikanischen Kirche befindet man sich noch viel schlechter, als in dem weiten, hübsch bemalten und weich gepolsterten Geisteskerker des Katholizismus. Mit der politischen Reformation ist es nicht viel besser ergangen, die Volksvertretung ist so mangelhaft als möglich – wenn die Stände sich auch nicht mehr durch den Rock trennen, so trennen sie sich doch noch immer durch verschiedenen Gerichtsstand, Patronage, Hoffähigkeit, Prärogative, Gewohnheitsvorrechte und sonstige Fatalien; und wenn Eigentum und Person des Volkes nicht mehr von aristokratischer Willkür, sondern vom Gesetze abhängen, so sind doch diese Gesetze nichts anderes als eine andere Art von Zähnen, womit die aristokratische Brut ihre Beute erhascht, und eine andere Art von Dolchen, womit sie das Volk meuchelt. Denn wahrlich, kein Tyrann vom Kontinente würde aus Willkür so viel' Taxen erpressen, als das englische Volk von Gesetzwegen bezahlen muß, und kein Tyrann war jemals so grausam wie Englands Kriminalgesetze, die täglich morden für den Betrag eines Shillings, und mit Buchstabenkälte. Wird auch seit kurzem manche Verbesserung dieses trüben Zustandes in England vorbereitet, werden auch der weltlichen und geistlichen Habsucht hie und da Schranken gesetzt, wird auch jetzt die große Lüge einer Volksvertretung einigermaßen begütigt, indem man hie und da einem großen Fabriksorte die verwirkte Wahlstimme von einem *rotten borough* überträgt, wird gleichfalls hie und da die barsche Intoleranz gemildert, indem man auch einige andere Sekten bevorrechtet – so ist dieses alles doch nur leidige Altstickerei, die nicht lange vorhält, und der dümmste Schneider in England kann voraussehen, daß über kurz oder lang das alte Staatskleid in trübseligen Fetzen auseinanderreißt.

»Niemand flickt einen Lappen von neuem Tuche an ein altes Kleid; denn der neue Lappen reißt doch vom alten, und der Riß wird ärger. Und niemand fasset Most in alte Schläuche; anders zerreißt der Most die Schläuche, und der Wein wird verschüttet, und die Schläuche kommen um. Sondern man soll Most in neue Schläuche fassen.«

Die tiefste Wahrheit erblüht nur der tiefsten Liebe, und daher die Übereinstimmung in den Ansichten des älteren Bergpredigers, der gegen die Aristokratie von Jerusalem gesprochen, und jener späteren Bergprediger, die von der Höhe des Konvents zu Paris ein dreifarbiges Evangelium herabpredigten, wonach nicht bloß die Form des Staates, sondern das ganze gesellschaftliche Leben, nicht geflickt, sondern neu umgestaltet, neu begründet, ja neu geboren werden sollte.

Ich spreche von der französischen Revolution, jener Weltepoche, wo die Lehre der Freiheit und Gleichheit so siegreich emporstieg aus jener allgemeinen Erkenntnisquelle, die wir Vernunft nennen, und die als eine unaufhörliche Offenbarung, welche sich in jedem Menschenhaupte wiederholt und ein Wissen begründet, noch weit vorzüglicher sein muß als jene überlieferte Offenbarung, die sich nur in wenigen Auserlesenen bekundet und von der großen Menge nur geglaubt werden kann. Diese letztgenannte Offenbarungsart, die selbst aristokratischer Natur ist, vermochte nie die Privilegienherrschaft, das bevorrechtete Kastenwesen, so sicher zu bekämpfen, wie es die Vernunft, die demokratischer Natur ist, jetzt bekämpft. Die Revolutionsgeschichte ist die Kriegsgeschichte dieses Kampfes, woran wir alle mehr oder minder teilgenommen; es ist der Todeskampf mit dem Ägyptentum.

Obgleich die Schwerter der Feinde täglich stumpfer werden, obgleich wir schon die besten Positionen besetzt, so können wir doch nicht eher das Triumphlied anstimmen, als bis das Werk vollendet ist. Wir können nur in den Zwischennächten, wenn Waffenstillstand, mit der Laterne aufs Schlachtfeld hinausgehen, um die Toten zu beerdigen. – Wenig fruchtet die kurze Leichenrede! Die Verleumdung, das freche Gespenst, setzt sich auf die edelsten Gräber –

Ach! gilt doch der Kampf auch jenen Erbfeinden der Wahrheit, die so schlau den guten Leumund ihrer Gegner zu vergiften wissen, und die sogar jenen ernsten Bergprediger, den reinsten Freiheitshelden, herabzuwürdigen wußten; denn als sie nicht leugnen konnten, daß er der größte Mensch sei, machten sie ihn zum kleinsten Gotte. Wer mit Pfaffen kämpft, der mache sich darauf gefaßt, daß der beste Lug und die triftigsten Verleumdungen seinen armen guten Namen zerfetzen und schwärzen werden. Aber gleichwie man jene Fahnen, die in der Schlacht am meisten von den Kugeln zerfetzt und von Pulverdampf geschwärzt worden, höher ehrt als die blanksten und gesündesten Rekrutenfahnen, und wie man sie endlich als Nationalreliquien in den Domen aufstellt: so werden einst die Namen unserer Helden, vielmehr sie zerfetzt und angeschwärzt worden, um so enthusiastischer verehrt werden in der heiligen Genovevakirche der Freiheit.

Wie die Helden der Revolution, so hat man die Revolution selbst verleumdet, und sie als ein Fürstenschrecknis und eine Volksscheuche dargestellt in Libellen aller Art. Man hat in den Schulen all' die sogenannten Greuel der Revolution von den Kindern auswendig lernen lassen, und auf den Jahrmärkten sah man einige Zeit nichts anderes als grellkolorierte Bilder der Guillotine. Es ist freilich nicht zu leugnen, diese Maschine, die ein französischer Arzt, ein großer Welt-Orthopäde, Monsieur Guillotin, erfunden hat, und womit man die dummen Köpfe von den bösen Herzen sehr leicht trennen kann, diese heilsame Maschine hat man etwas oft angewandt, aber doch nur bei unheilbaren Krankheiten, z.B. bei Verrat, Lüge und Schwäche, und man hat die Patienten nicht lang gequält, nicht gefoltert und nicht gerädert, wie einst Tausende und aber Tausende Rotüriers und Vilains, Bürger und Bauern gequält, gefoltert und gerädert wurden in der guten alten Zeit. Daß die Franzosen mit jener Maschine sogar das Oberhaupt ihres Staates amputiert, ist freilich entsetzlich, und man weiß nicht, ob man sie deshalb des Vatermords oder des Selbstmords beschuldigen soll; aber bei milderungsgründlicher Betrachtung finden wir, daß Ludwig von Frankreich minder ein Opfer der Leidenschaften als vielmehr der Begebenheiten geworden, und daß diejenigen Leute, die das Volk zu solchem Opfer drängten und die selbst zu allen Zeiten in weit reichlicherem Maße Fürstenblut vergossen haben, nicht als laute Kläger auftreten sollten. Nur zwei Könige, beide vielmehr Könige des Adels als des Volkes, hat das Volk geopfert, nicht in Friedenszeit, nicht niedriger Interessen wegen, sondern in äußerster Kriegsbedrängnis, als es sich von ihnen verraten sah, und während es seines eignen Blutes am wenigsten schonte; aber gewiß mehr als tausend Fürsten fielen meuchlings, und der Habsucht oder frivoler Interessen wegen, durch den Dolch, durch das Schwert und durch das Gift des Adels und der Pfaffen. Es ist, als ob diese Kasten den Fürstenmord ebenfalls zu ihren Privilegien rechneten, und deshalb den Tod Ludwig's XVI. und Karl's I. um so eigennütziger beklagten. O, daß die Könige endlich einsähen, daß sie als Könige des Volkes im Schutze der Gesetze viel sicherer leben können, als unter der Guarde ihrer adligen Leibmörder.

Aber nicht bloß die Helden der Revolution und die Revolution selbst, sondern sogar unser ganzes Zeitalter hat man verleumdet, die ganze Liturgie unserer heiligsten Ideen hat man parodiert, mit unerhörtem Frevel, und wenn man sie hört oder liest, unsere schnöden Verächter, so heißt das Volk Kanaille, die Freiheit heißt Frechheit, und mit himmelnden Augen und frommen Seufzern wird geklagt und bedauert, wir wären frivol und hätten leider keine Religion. Heuchlerische Duckmäuser, die unter der Last ihrer geheimen Sünden niedergebeugt einherschleichen, wagen es ein Zeitalter zu lästern, das vielleicht das heiligste ist von allen seinen Vorgängern und Nachfolgern, ein Zeitalter, das sich opfert für die Sünden der Vergangenheit und für das Glück der Zukunft, ein Messias unter den Jahrhunderten, der die blutige Dornenkrone und die schwere Kreuzeslast kaum ertrüge, wenn er nicht dann und wann ein heiteres Vaudeville trällerte und Späße risse über die neuern Pharisäer und Saducäer. Die kolossalen Schmerzen wären nicht zu ertragen ohne solche Mitreißerei und Persiflage! Der Ernst tritt um so gewaltiger hervor, wenn der Spaß ihn angekündigt. Die Zeit gleicht hierin ganz ihren Kindern unter den Franzosen, die sehr schreckliche leichtfertige Bücher geschrieben, und doch sehr streng und ernsthaft sein konnten, wo Strenge und Ernst notwendig wurden; z.B. Laclos und gar Louvet de Couvray, die beide, wo es galt, mit Märtyrerkühnheit und Aufopferung für die Freiheit stritten, übrigens aber sehr frivol und schlüpfrig schrieben, und leider keine Religion hatten.

Als ob die Freiheit nicht ebensogut eine Religion wäre als jede andere! Da es die unsrige ist, so könnten wir, mit demselben Maße messend, ihre Verächter für frivol und irreligiös erklären.

Ja, ich wiederhole die Worte, womit ich diese Blätter eröffnet: Die Freiheit ist eine neue Religion unserer Zeit. Wenn Christus auch nicht der Gott dieser Religion ist, so ist es doch ein Hoherpriester derselben, und sein Name strahlt beseligend in die Herzen der Jünger. Die Franzosen sind aber das auserlesene Volk der neuen Religion, in ihrer Sprache sind die ersten Evangelien und Dogmen verzeichnet, Paris ist das neue Jerusalem, und der Rhein ist der Jordan, der das geweihte Land der Freiheit trennt von dem Lande der Philister.

Über tredition

Eigenes Buch veröffentlichen

tredition wurde 2006 in Hamburg gegründet und hat seither mehrere tausend Buchtitel veröffentlicht. Autoren veröffentlichen in wenigen leichten Schritten gedruckte Bücher, e-Books und audio-Books. tredition hat das Ziel, die beste und fairste Veröffentlichungsmöglichkeit für Autoren zu bieten.

tredition wurde mit der Erkenntnis gegründet, dass nur etwa jedes 200. bei Verlagen eingereichte Manuskript veröffentlicht wird. Dabei hat jedes Buch seinen Markt, also seine Leser. tredition sorgt dafür, dass für jedes Buch die Leserschaft auch erreicht wird.

Im einzigartigen Literatur-Netzwerk von tredition bieten zahlreiche Literatur-Partner (das sind Lektoren, Übersetzer, Hörbuchsprecher und Illustratoren) ihre Dienstleistung an, um Manuskripte zu verbessern oder die Vielfalt zu erhöhen. Autoren vereinbaren direkt mit den Literatur-Partnern die Konditionen ihrer Zusammenarbeit und partizipieren gemeinsam am Erfolg des Buches.

Das gesamte Verlagsprogramm von tredition ist bei allen stationären Buchhandlungen und Online-Buchhändlern wie z. B. Amazon erhältlich. e-Books stehen bei den führenden Online-Portalen (z. B. iBookstore von Apple oder Kindle von Amazon) zum Verkauf.

Einfach leicht ein Buch veröffentlichen: **www.tredition.de**

Eigene Buchreihe oder eigenen Verlag gründen

Seit 2009 bietet tredition sein Verlagskonzept auch als sogenanntes "White-Label" an. Das bedeutet, dass andere Unternehmen, Institutionen und Personen risikofrei und unkompliziert selbst zum Herausgeber von Büchern und Buchreihen unter eigener Marke werden können. tredition übernimmt dabei das komplette Herstellungs- und Distributionsrisiko.

Zahlreiche Zeitschriften-, Zeitungs- und Buchverlage, Universitäten, Forschungseinrichtungen u.v.m. nutzen diese Dienstleistung von tredition, um unter eigener Marke ohne Risiko Bücher zu verlegen.

Alle Informationen im Internet: **www.tredition.de/fuer-verlage**

tredition wurde mit mehreren Innovationspreisen ausgezeichnet, u. a. mit dem Webfuture Award und dem Innovationspreis der Buch Digitale.

tredition ist Mitglied im Börsenverein des Deutschen Buchhandels.

Dieses Werk elektronisch lesen

Dieses Werk ist Teil der Gutenberg-DE Edition DVD. Diese enthält das komplette Archiv des Projekt Gutenberg-DE. Die DVD ist im Internet erhältlich auf **http://gutenbergshop.abc.de**